好的谈话
是思想的呼吸
是境界的拥抱
田歌

我国台湾著名歌手、演员吴奇隆与主持人田歌合影

我国著名演员、歌手袁泉与主持人田歌合影

我国著名影视明星张歆艺与主持人田歌合影

我国著名影视明星贾乃亮与主持人田歌合影

我国著名影视明星陈建斌与主持人田歌合影

田歌访谈之歌

以自己的方式过一生

田歌
主编

时代出版传媒股份有限公司
北京时代华文书局

图书在版编目（CIP）数据

田歌访谈之歌 / 田歌主编. -- 北京：北京时代华文书局，2014.1
（田歌访谈之光荣绽放系列）
ISBN 978-7-80769-237-9

Ⅰ. ①田… Ⅱ. ①田… Ⅲ. ①艺术家—访问记—中国—现代 Ⅳ. ①K825.7

中国版本图书馆 CIP 数据核字（2013）第 304513 号

田歌访谈之歌

田歌 / 主编

出 版 人 田海明　周殿富

选题策划 曾　丽　　责任编辑 张国平　梁　静
责任校对 梁　静　　装帧设计 新艺书文化　王艾迪

出　　版 时代出版传媒股份有限公司 http://www.press-mart.com
北京时代华文书局 http://www.bjsdsj.com.cn
北京市东城区安定门外大街 136 号皇城国际大厦 A 座 8 楼 邮编：100011

发　　行 北京时代华文书局图书发行部（010）64267120 64267397
印　　制 北京顺诚彩色印刷有限公司（010）69499689

规　　格 787mm×1092mm 1/16
印　　张 18
字　　数 232 千字
版　　次 2014 年 3 月第 1 版 2014 年 3 月第 1 次印刷
书　　号 ISBN 978-7-80769-237-9
定　　价 39.80 元

出版前言

适逢北京电视台《光荣绽放》栏目正式开播五周年，为了一种纪念，也为了与广大影迷、歌迷、戏迷，广大艺术爱好者，广大读者受众分享，我们编辑出版了这套丛书。

五年来，该栏目在我国著名导演、制片人、主持人田歌的主持下，先后访谈了我国大陆、香港、台湾三地200多位艺术创作者。他们中有影视明星，也有著名导演；有戏剧名角，也有当红歌手。从50后的老一代明星，一直到60后、70后的中流砥柱，直到80后、90后的演艺新秀，可谓是高朋满座，明星如云，五代艺术创作者荟萃一台，洋洋大观。

他们共述新中国演艺事业的蓬勃发展，回首各自的成长道路，畅谈他们的职业理想，各抒自己的人生价值理念，探讨种种演艺思想。不但用理性与激情描述了一个艺术创作者应该走怎样的成长道路，而且人人都直抒胸臆，毫无讳言地讲述了他们自己是怎样践履了这些思想理念的。让我们看到了这五代艺术创作者辉煌绽放的背后，流过了多少汗水、泪水，经历了多少艰难困苦的磨砺，为我们展示了一个色彩斑斓夸父逐日式演艺生涯的全景画图，而让我们不能不对这些艺术创作者们刮目相看。所以我们从其中精心遴选了60余位明星人物，集结出版，以飨广大读者。

本书的正文是在《光荣绽放》栏目组提供的现场实录基础上加工整理的。考虑到篇幅、结构，我们对各位传主访谈的实录全文进行了适当删减，但每句话都是忠实于场记实录，只是对一些口语化的句式略为梳理。为了读者的阅读方便，我们还对每位传主的访谈录冠加了二级标题。整理中有何舛误处，文责由书局自负。

田歌老师在百忙中，还结合自己十余年主持人的切身体悟，为每一篇访谈录撰写了精致的画外音评点——侧批式的"谈艺录"，其中既有传播美学、艺术哲思，也有人生哲学的意蕴，既体现了她对自己作品的钟爱，也说明了她对读者的负责和期待。在这里谨向田歌老师与各位访谈嘉宾表示深深的敬意与感谢。

相信本书的出版一定会受到广大读者的欢迎。书中若有不确之处，欢迎读者、影迷、嘉宾们及时告知我们，以便我们在重版时订正。

编辑部

2014年1月

荐书台

致传媒艺术院系的学子们

中国传媒演艺界未来三十年的希望之花们：

拿在你手中的这本书，不敢称是天底下最好的书，却是最适合你的书。因为没有哪本书会像本书这样贴近你们所学的专业、即将从事的职业、未来的人生旅途。虽然你们未必人人都想去追慕伟大，但却相信你们没有人会甘愿贫穷平庸地度过自己的一生；也相信你们每个人早都有了各自的人生目标与梦想追求，但它们的实现需要一条通道，相信你们每一个人都在天天寻找。

美国伟大的心理学家马斯洛曾对那些“追求着的青年人”讲过这样的一段话：“我想告诉他们的是：天呐，这些都已经存在着了，你们正在寻找的未来就在这里。你们应该做的只是向它走去。”而摆在你们面前的这本书，就向你们昭示了值得“向它走去”的正在寻找着的，但“已经存在”于你们身边的未来。

你想了解那些明星人物是怎样完成了自己人生的凤凰涅槃吗？你想做一名大导演吗？你想做一名当红歌手吗？你想成为一名戏剧、影视明星演员吗？你想成为一名电视节目的明星主持人吗？我国著名的资深全能型电视人、中国谈话节目创始人、国家一级导演、全国十佳制片人、全国百佳文艺家田歌老师对大陆、港、台三地五代的明星级导演、著名演员、当红歌手的精彩访谈自白与专为此书出版撰写的“谈艺录”，将会用他们自身的经历告诉你们怎样去实现自己的梦想，怎样去面对你们将会必然遭际的种种难题与困惑。

他们所讲述的不只是“应该怎样”，还有他们自己怎样走过的从艺之路；他们不只讲述怎样作艺，也讲述了怎样做人做事的大道至理。不管你们现在所学的是什么，你们将来所做的是什么，他们都将会陪伴着你走过一生、享用一生而取之不尽。因为这里所记录的没有任何说教，都是他们所亲力亲为的感悟，讲的都是真话、实话，实务、实际。希望本书能成为你们一生的良师益友。我们相信，本书的真正价值，绝不亚于你们手中的任何一种教科书。

编辑部

2014年1月于北京

序：栏目与我

很喜欢这样的态度：每一朵花都是一个世界，每一个人都是一本书。我的很多成长、创意、智慧与荣誉，都是在与嘉宾的谈话中收获的。我并不认为谈话是一种古老的1+1=2的简单算式，我觉得一个优秀的主持人，一个具有强烈敬业精神和创新意识的媒体从业人员，在与嘉宾对话时思想碰撞所产生的火花，应是一种1+1＞2的艺术效果。所以，我的这篇序也是从对话开始的——

“绽放”初创

小编：您是《光荣绽放》栏目的制片人、导演、主持人，最开始是怎么想到要做这样一档栏目的？

田歌：2007年中国电视创作遭遇了“泛娱乐化”最严重的伤害。当时，北京电视台来了两位新领导，誓言要将北京电视台打造成全国第三娱乐大台，于是大刀阔斧地灭掉了许多不能代表两位领导业绩的品牌栏目，尽管我所制作的《荧屏连着我和你》再次获得了当年广电总局授予的“全国优秀电视艺术栏目”奖，但我也未能幸免。那时，我所制作的《荧屏连着我和你》已经拥有了十六年的生命力和不断扩展的观众群，是一档非常成熟、深植观众内心、极具口碑且屡获殊荣的电视品牌栏目。至今在大马路上遇到熟悉我的观众，他们还会向我倾诉，因为看了我的某期节目而改变了他的人生选择，并情不自禁地复述节目中的精彩对话。我想这就应该是一个优秀电视栏目的影响力，也更是一个电视人的骄傲和欣慰所在吧。对我来说，《荧屏连着我和你》是一所大学，它不断地补充了我对知识的渴求，更丰富了我对生活的理解，它在我生命灰暗时，还一次又一次地点燃了我对生命的热情。突然间让我放弃这个节目去做一个娱乐节目，最初我是很不情愿的。但为了不中断创作生命，也为了一个证明——当时有人认为我做不了名人访谈，在这样的质疑下，我想做出一档专业的名人访谈节目，而且一定让它成为一个品牌，《光荣绽放》就在这样的情况下诞生了。

小编：“绽放”这个词是您第一次用在电视栏目上，后来得到很快地传播，其他栏目，甚至图书的名字以及各类社会活动都开始“绽放”，当时您是怎么想到这个词的？

田歌：这个名字是我和闺密在咖啡馆里定夺的，我们发誓要让“绽放”一词成为流行语，显然，我们成功了！我一直觉得一个栏目的名称有两个作用：一、显现了一个栏目创作者的创作价值观。二、决定了一个栏目的可持续发展空间。在我们筹划制作《光荣绽放》的时候，这一类节目的名称大多是红人馆、名人访谈……我不喜欢把节目标榜成这样。我希望节目的名称很大气，能够很快被老百姓接受，也想把题材引向更宽的范围中去。我当时想邀请各行各业的人来访谈，来这里绽放自己的光荣，只不过节目创制初期为了满足电视创作泛娱乐化的需求，从演艺名人进入而已，以后再慢慢扩展。但节目一开始定位就很明确，宣传语是“让八卦灰飞烟灭”！这个定位一直坚持到今天。

小编：与名人谈话和与老百姓谈话，您有什么不同的感受？

田歌：这两类谈话对象对我来说都有压力。做老百姓的节目好就好在我有一种激情，他们的生活对我来说很新鲜，总让我感动；做名人的节目好在我了解他们的所思所想所痛，我更知道如何提问，更清楚他们想要表达的是什么。怎么做得既让自己满意，又能满足观众的需求，还能赢得同行的称赞，这些我都要考虑。我做节目不是只给一类人看，我希望我的节目在观众和业内人士中都能赢得口碑。

小编：您离开了之前那么心爱的节目《荧屏连着我和你》，制作了《光荣绽放》，等于是一切重新开始，不管起初是不情愿还是较劲，这个节目开播已经有五周年了，而且在观众和业内都取得了极高的口碑和赞誉，您现在对这个节目是什么样的感情？

田歌：生命的代价。

“光荣”印象

小编：说到访谈，您的提问很有个人特色。

田歌：一个好的主持人，要有能力让自己的提问落地开花。不要让自己的提问成为不知去向的空中飘浮物，或者仅仅等待嘉宾解释。

小编：有的时候，您会对不同嘉宾问相同的问题，可以理解这是节目的主线吗？

田歌：一个人的世界观、生活背景确实会对他的事业有影响，所以我经常会问嘉宾生活在一个什么样的环境，问他们的梦想是什么。我觉得那些问题都是比较重要的，对他们来说是个共性的问题。我想集结出同样的问题，收获嘉宾不同的感受。我更倾向通过谈话展现每个嘉宾的性格和他的命运以及职业道路的关系。

小编：您怎样形容这档节目？

田歌：用一句话就是“绝对品质，绝对田歌”。“主持人”这三个字中有了“人”字，就赋予这个职业更浓郁的人性色彩，因此这个职业的从业人员越有人性魅力就越成功。我希望并努力让这个节目有田歌本人浓重的烙印，有田歌特色，也就是，我不同于他人的所思所想所问。我的有些问题虽然是尖锐的，但却是温暖的、幽默的。其实我这个节目最重要的是感受嘉宾的观点，别的节目更看重讲故事，而对于我来说，听故事不是我的任务。这些嘉宾之所以成功，的确是因为他们有自己的价值观和做人作艺的态度，他们对于社会的认同、观察和思考，也有其独特的价值。

小编：也可以理解成您对自己的要求和对团队的要求越来越高？

田歌：浮躁而又急功近利的今天，加上铺天盖地的娱乐节目，多多少少在你心中撒下了些灰尘，但你要让你的心沉淀下来，就必须要求自己和团队更加职业化、专业化、简单化，只有深入浅出才会越来越从容。我在工作中追求完美，对镜头有洁癖，我不问其苦，只问其果。

小编：做这个节目之后，有没有想过要放弃？或者去制作另一档节目？

田歌：想过，我的创作能量在这个节目中并没有完全释放。但我这人就是比较专心的，喜欢一猛子扎在一件事上，这是我成败的重大原因。我是一个在创作上找不到尽头的创作者，我很享受创作中的每一个新发现和新感受。

“光荣绽放·歌”与我

小编：您一般都利用什么方式充电、学习？

田歌：我是一个不用扬鞭自奋蹄的人，学习对于我来说是一种享受，也是一种生活方式。我虽然意识较前沿，但从不敢放松学习。我很感谢北京电视台对我一如既往的信任，一直给予我在一线创作的机会。做好谈话节目必须要有时代精神，只有与时代同呼吸才能与时代共命运。那么如何才能与时代同步？我认为只有学习学习再学习，反思反思再反思。我平时也从未间断对各种艺术门类的学习，话剧、舞蹈、音乐、雕塑、绘画包括新媒体等。在这些艺术领域都有我的挚友，他们都为我汲取各门类艺术之养分提供了最大的帮助。

小编：这一次把栏目访谈以图书的形式推出来，您的初衷是什么？

田歌：节目中嘉宾的成长经历，很多是值得留下来给读者借鉴的。通过文字，读者会更沉静地走进他们的内心世界。加上我对这个栏目的品质坚持，所以栏目播出这么久我才敢于用书的形式把它呈现给大家。

小编：这也给了您更多的思考空间？

田歌：对，可以更安静地品味他们的表达。事实上，他们的很多表达在我们的节目里没有完全用上，因为我们在剪辑的时候要考虑电视节目的特征，嘉宾还有很多深邃的思考、个性言语没有播出，出书可以弥补这部分缺憾。把这部分有观点性的内容用文字保存下来，我觉得是对嘉宾最好的尊重。

小编：作为屡获殊荣的传媒人，您能与读者们分享一下您的成功理念吗？

田歌：我深信每个创作者都要走自己的创作之路。这首先需要认识自己，找到自己的优势、个性所在，这样你才能找到适合自己的创作之路。只要有了个性，你才会有生命；创作没有个性，任何创新都不存在。另外，我认为“坚持”是一种高贵的品质，在追求事业的道路上尤其难能可贵，坚持自己的道路，排除干扰。还有就是要不断地学习。这本书展现出嘉宾更深邃的一面，也能够看到作为主持人的我，对谈话节目或是艺术创作的一些思考，希望能够和大家分享，也希望得到大家的指教。

小编：很多嘉宾为本书做了推荐，您想对这些嘉宾说点什么？

田歌：我要感谢所有的嘉宾，是他们熠熠生辉的人生故事让电视艺术光荣绽放。

2013年是《光荣绽放》栏目开播五周年。一个主持人与自己的节目，有人认为犹如亲子关系，而我认为是相伴的关系，相互依存，相互成长……回首以往，有些不堪目睹，但那些往事一去不会再来，而我还有许多话要说，所以组织了这套书呈现给广大读者，羞愧胜于紧张。同时也在这里，向《光荣绽放》团队的所有成员表示深深的感谢。

2014年元旦于北京电视台

目 录

陆毅
偶像派中的实力派

张静初
清静如初的“水果女孩”

田亮
“跳水王子”的转型与觉悟

陈建斌
文艺且疯魔的“创作者”

吴奇隆

『霹雳虎』的精彩人生路

田歌印象

从当年担任小虎队队长的霹雳虎，到后来电视剧里经常出现的叱咤风云的大侠，吴奇隆给人的印象始终都帅气逼人。一路走来，吴奇隆身上发生了很多精彩的故事，当年青涩的霹雳虎已成长为今日的大丈夫。《光荣绽放》舞台上，吴奇隆首次演练跆拳道和柔道，因为对抗性较强，在柔道环节的时候他受伤了，腿上蹭了很大一块皮，血流不止。但是他仍然不断地说没事没事，让大家不用担心。

后来谈到小虎队的往事，问及有没有可能重聚时，吴奇隆说小虎队从来都没有说过解散，他也很期待奇迹发生，其中“小虎队是三个人的，缺一个我们是不做的”这句话现场引发满堂喝彩。

演艺事业之外，吴奇隆在生意场上是少有的几个艺人经商成功的典范，他究竟有哪些经商秘笈？我在现场为你独家解密。

一个明星的奥运梦

田　歌：欢迎，欢迎各位跆拳道高手，来，上来，更要欢迎吴奇隆同志。吴奇隆今天到这儿来，真是令我和所有的人为之一震，各位都是跆拳道高手，我听说他已经是黑带五段（其实是黑带六段）了，你们这几位都是什么级别的？

观　众：我们分别是二段、三段。

田　歌：二段、三段，真的不如他吗？

吴奇隆：其实因为我们跆拳道练习开始的那个阶段之后，后面很多时候是靠年资的，有可能我练得早。

田　歌：其实这级别不重要啊，今天跟这个吴奇隆交手，他有什么特点？

观　众：我感觉吴奇隆他的连续特别好，协调性很好，他的连击特别快，不像我们可能靠单一腿或者一些战术，他的这种能力和身体的素质特别棒。

田　歌：听说还花样特别多，是吗？

观　众：对，你看刚才他打动作的时候，他的那个动作特别连续。

田　歌：特别连续，这太专业了，我就知道他是霹雳虎。

观　众：对，速度也很快。

田　歌：是吧，速度也很快，好，谢谢，谢谢各位今天到这里来和吴奇隆配合。

刚才这都是专业队的，你敢跟他们打，我估计这就不是一般水平了。

吴奇隆：因为我以前也是专业运动员，从很小就开始锻炼，然后就在学校，跟他们过一样的生活。

田　歌：是吧，我知道现在社会上很多的父母，都特别愿意送孩子去练跆拳道，他们认为跆拳道不仅可以健体，还可以培养一个孩子的德行和德育，你有这种体会吗？

吴奇隆：其实我小时候是很调皮，很好动，经常在外面惹是生非的那种，自从我爸妈把我送到学校去开始练习跆拳道和柔道之后，收敛许多，当你做一些运动的时候，你发现自己有一些能力可能比其他人强的时候，反而会懂得收敛，会懂得保护别人，保护自己。

田　歌：就是当你有攻击能力的时候，你反而知道去爱护别人和保护自己，不仅仅是为了去打别人。

吴奇隆：对，我觉得运动项目呢，像跆拳道这样的项目，一开始的时候，其实最早教你的不是说你怎么打人或者怎么去锻炼，而是先教你怎么样有礼貌。就比如说我们每次跟对手见面的时候，一定是要先有礼貌地鞠躬敬礼，包括我们平常练习当中，教练会经常告诉我们说，运动是强身，你自己有一个很好的防身的工具，可是这个工具是不可以用来伤害别人的。所以我们经常是碰到很多事情的时候，反而我们都会忍。

田　歌：能忍。

吴奇隆：对，因为如果说一发生事情，一有冲突就动手动脚，那我觉得会跟我们所学的是有相当大的差异。

田　歌：这或许就是很多家长喜欢让自己的孩子去学习跆拳道的道理，除了要会保护自己，还要懂得去尊重别人怎么样去做人。我听说你还一直在做着

【田歌谈艺录】演艺界重视德艺双修，领导干部讲究德才兼备，企业界讲要出产品先育人。体育界是一种绝对竞争的行业，也讲究如此的互相礼敬，看来一个人的品位德性与才艺的关系极大，不可忽略。所以无论是做人还是做事，一定不能忽略自己的人品，演艺界更是如此，聪明的演员应知道怎样去保护自己的公众形象。

奥运梦呢？

←

吴奇隆：对，其实因为我从小就是专业的运动员，以前也参加相当多的不同的比赛，然后也拿到很多很好的成绩，以前最早开始立的志向跟目标就是希望当一个奥运选手，然后希望退役下来之后，也可以当一个好的教练，好的老师。

田　歌：原来是想走体育道路的？

吴奇隆：对，原本是一直走着体育这条路的。

田　歌：真是阴差阳错，如果你没有走上这个演艺道路的话，2008年的奥运会上，没准儿能看到你在哪儿领奖呢。

吴奇隆：如果是2008年的话就不可能，我倒是可能有机会在教练席上。

田　歌：获奖的教练席？

吴奇隆：因为现在有很多参加比赛的那些选手的教练，就是以前跟我一起参加比赛的。所以我看奥运会，看那种国际大比赛的时候，我会很熟悉，都是我认得的。那些我以前的对手，哎，现在当教练了，那个是以前的什么人，这样的。

田　歌：不过虽然你一直做着奥运梦，但是大家熟悉你，喜欢你，还是因为你的这个歌唱艺术，因为你那个著名的霹雳虎的形象，所以在今天这个话题，肯定是避免不了的。你知道吗？我在1997年去南非的时候，我在南非的时候有一个英语老师，是个白人，他上来就跟我说，因为他会中文，他说我特喜欢那个小虎队。我当时都傻了，我说你喜欢小虎队？他说对。就可见你们这个小虎队的影响力，可能超出你们自己的想像。

吴奇隆：那个时候一方面是因为在华人的音乐界里面，其实是没有这样的团体出现过的，我们算是第一个这样的歌唱团体，再加上那时候可能我们一方面都是学生，一边在念书，一边在做这个表演的工作，所以会让大家觉得说会有一些比较清新的感觉。可能因为这些原因吧，影响力那个时候确实是还蛮大的。

永远的小虎队

田　歌：对了，我还是咱们言归正传，就是你是学体育的，怎么就阴差阳错走上歌唱的道路了？

吴奇隆：那个时候有一些故事的，当时我在念体育大学的时候，念书的时候，会有寒暑假，放寒暑假的时候，我们家的小孩都会出去打工，那个时候我是到路边去摆摊子卖衣服，刚好有公司的同事，他们去逛街，然后就看到我了，就留了一些我的基本资料，到后来因为做节目需要，他们希望组一个叫小虎队的，要开始做很多的甄选的活动，其实有点像现在的一些选秀的活动，然后他们就挑了，从几万人当中去挑了几千个，一关一关的筛选，到最后就把我们三个给留下来了。

田　歌：我怎么听说好像是你碰上了一个星探，然后那个星探就一直目不转睛地在你面前盯着你看了好几个小时，还是几天？

吴奇隆：三天，因为其实刚开始的时候，我就是在路边卖衣服。

田　歌：你为什么要去卖衣服，那么小？

吴奇隆：因为打工赚学费，赚生活费，因为那时候我们家的小孩就习惯自己念书的费用，生活费用，在放假的时候去打工，去赚。那摆摊子的时候就很奇怪，每一天固定时间，大概晚上六点多，就会有一个人来，就站在我的正对面，就这么看着我。一看看三个小时，四个小时，看到我收东西走人了，他就看看走，到第三天是我忍不住了，不是他忍不住。

田　歌：其实你早发现了吗？

吴奇隆：对，我一直知道他在看，我就不知道他看什么，所以我到第三天我忍不住我就问他，你是不是有什么事情？因为你连着看我三天，天天这么看着我，就离这些近，就这么看我，我也挺别扭。

田　歌：该不如把我东西都买了算了。

吴奇隆：对，你也不买我的东西，然后老看着我，我不知道什么意思。最后我就问他，问半天，我说你是不是有什么事情。然后完了我就忘了这回事了，大概就隔了两三个月，我准备要回学校上课的时候，他们又给我打电话，就说现在电视台里有个节目，希望能够组一个叫小虎队的这样的一个团体，去做一些表演的工作，然后希望我能够去参加那个甄选，因为甄选的时候，其实最早一批开始是从信件开始，大概两万多人选出三千个，他说你就不用从那个两万多人挑了，你直接从那三千个里面。

田　歌：海选就省了。

吴奇隆在现场身穿跆拳道服亮相

吴奇隆：就省了这一关，你可以先从这一关开始，然后就希望我去做一些表演，可是那个时候，因为我从小我都在做运动，基本上我一直都是受着专业运动员的训练，早上每天五点钟，六点钟就出门去锻炼，到晚上才回来，基本上连电视都没看过，以前在家里是不看电视的。

田　歌：就是一直做着体育梦，从来没做过演员的梦？

吴奇隆：所以他跟我说什么电视节目，要招什么人啊，我是一点概念都没有，小时候我几乎没看过电视。那我也不知道他们要干什么，那他就天天打电话，刚开始我拒绝他了，我说我可能跟我自己的生活不一样，可是他就很有耐心，天天打电话来。后来打电话就不找我了，因为我不跟他说了，他就找我妈，就跟我妈聊，每天跟我妈聊两个钟头，聊三个钟头，聊到最后是我妈妈受不了了，她说你就去吧，要不他每天跟我聊三个小时，我也没办法做别的事情了，你就去一下，不一定选得上的，你就去走走就好了，至少给人家个交代。

田　歌：应付一下。

吴奇隆：对，你就去吧，然后我就想那好吧，那就去吧。那不小心去了之后就选上了。

田　歌：大家都很想不小心被选上啊。这就是命运，你们的那些歌，很多人在传唱，有很多很多代表作，你个人最喜欢的哪一首呢？

吴奇隆：其实不同的阶段，会有很多不同的歌曲，其实从小虎队最早开始，像刚刚大家看到了，《青苹果乐园》，《红蜻蜓》，《蝴蝶飞》，还有一首很多可能很多人还蛮熟悉的，那首《爱》，就会做很多手语动作，很多哑语动作的那首歌，对。它代表着不同的时期的我们吧，所以我都挺喜欢的。

田　歌：我知道好多好多女孩喜欢你们，当然我也是挺喜欢你们的，当时，我记得你们一个叫乖乖虎，一个叫小帅虎，一个叫霹雳虎，我当时还跟人家争论，我说那个吴奇隆，他为什么不叫小帅虎啊，他长的最帅，为什么让他叫霹雳虎，我就是想问问，你们这个名字是怎么定的？

吴奇隆：其实那个时候是有比较按照大家的个性去做区分的，那时候因为有朋念书成绩挺好的，他是台湾等于是中学高中里面来说是最好的学校的一个学生，所以大家觉得他的外形长的也挺乖的，然后成绩也挺好的，所以叫他乖乖虎；叫我霹雳虎是因为我是体育大学的，我学的就是运动项目，各种活动，各种跟运动相关的，像以前我们做节目会有很多外景节目，像做很多活动的，我的反应各方面算是最快最好的，所以他们就觉得那叫我霹雳虎还挺适合的。

田　歌：对，最酷，最炫。

吴奇隆：志朋是长的最，我觉得他是最有舞台魅力的，而且刚开始的时候，很多人会觉得他挺像张国荣的，对，所以他是最有明星脸的一个人，所以就叫他小帅虎。

田　歌：现在回想起来小虎队这些日子，你觉得最难忘的瞬间是什么啊？

吴奇隆：最难忘的瞬间，其实有一个阶段的演唱会是非常难忘的，因为其实小虎队成军的时间，我们可以在一起工作的时间并不是那么的长，我们三个都要念书，平常要念书，我们只有周六周日放假的时候，才可以做表演的工作。那或者是寒暑假的时候，我们才会做表演的工作。我们会一直坚持，就希望说除了表演工作要做好之外，学校的课业也是非常重要的，可能也因为这样的一个坚持，所以会让大家觉得我们是很努力的，很清新的，那在那个阶段印象非常深刻的。我们做过很多巡回的演唱会，其实也破了一些特殊的记录，算是我们做了很多的先例，像我们最早的演唱会，不是在一般的像舞台上面做的，我们做的演唱会，是我们定做了一个非常大的货柜车，那个货柜车开到哪里，大广场，开到这里，然后那个货柜车可以打开来，走街串巷，然后就可以变成一个很大的舞台，我们可以在货柜车上面，然后换衣服，做活动，就在现场就可以直接表演。

田　歌：你们还挺三贴近的，你不懂什么叫三贴近吧？贴近群众，就是其中的一贴近。

吴奇隆：对，所以那个时候的巡回演唱会对我们来说是很难忘的，因为那个时候一方面年纪小，很多地方是我们没去过的，很新鲜，只要是假日，我们就开始坐着大货柜车到安排好的地方去，然后就在现场可以跟很多很多喜欢我们的朋友做互动，所以那个阶段很多的演唱会，留给我们的印象是很深刻的。

田　歌：可是我总觉得三个小男孩，肯定是性格迥异，在一起又要步调统一的去演出，那你们底下会不会经常有一些性格冲突、打架或者为一件事情观点不一致啊，会有这样的事吗？

吴奇隆：我觉得就是如果说到这点，我自己觉得，在目前我们所知道很多的团体，所了解到所有的演艺圈环境里面，我觉得有一点是我们三个非常值得骄傲的，就是我们三个从来没有发生过什么大的争执，从来没有为了自己的事情去影响到团队，都没有。可能是因为一开始的时候，我们不是非常红，其实我们三个开始组合的时候，不是为了做唱片，做歌手，我们只是做节目助理。我们刚开始的时候，其实是常常在电视节目里面帮忙搬道具，出外景，外景主持，然后一天到晚三个人一起挨骂的，一起经历过很多很多的过程，所以那个感情是非常珍贵的。

田　歌：曾经你们是难兄难弟？

吴奇隆：对，三个人的个性都会不一样，那像那时候有朋年纪最小，稍微会比较迷糊一点，比较容易忘记事情；志朋是在舞台的表演上面，他是非常的专业，因为他是唯一受过专业的舞蹈训练的这样的一个艺人；我那时候因为三个人里面，我年纪比较长，我年长，所以经常要做一些沟通跟协调的事情，不过我比较开心的是我们三个经常是一致对外的，就有任何事情都是我们三个一起面对，譬如我们跟公司，我们也有一些东西是需要争取的或者是要做沟通的，就包括我们希望能够除了做表演工作之外，我们希望在我们的学业课业上面我们要有我们的坚持，那这个我们经常能够三个人达成一个共识一致对外。

田　歌：三个小男孩一致对外。

吴奇隆：所以我觉得这是个很不容易的。

→

【田歌谈艺录】演艺事业似乎很难靠单打独斗完成的。一个篱笆三个桩，一个好汉三个帮，似乎对每一个演员都适用。在歌坛走红的组合有许多，尽管许多单打独斗的成功同样很多，但组合者至少是会产生1+1≥2的效应，所以才会有那么多组合、团队的崛起，这是不是也是一种走向成功的启迪呢？

田　歌：真是不容易。我知道关于小虎队也是分分合合很多次，分了合了，分了合了，每次分了合了，都是因为什么，是因为市场吗？还是因为各自的追求变了？

吴奇隆：其实我们也没有正式说过我们解散。

田　歌：到现在都没说过啊？

吴奇隆：我们也没有正式说我们分开或聚在一起，其实都没有这样刻意去说过这个事情，主要是因为大环境的关系，因为我们那时候其实年纪大了，就会服兵役的问题，所以当有一个去服了兵役之后，我们就缺了一个，小虎队是三个人的，缺了任何一个人都是不可以的，所以我们有我们的坚持，如果缺一个人，我们是不做的。

田　歌：实际上你们感情还是很好。

吴奇隆：对，我们只要是少了任何一个人，他都不能叫小虎队。

田　歌：很可贵的，很可贵的。一般三个人在一起，容易有矛盾，是是非非，但是你们还一直，直到现在也都是，只要出现就得三个人一起来演唱这些。

吴奇隆：对，只要是跟小虎队相关的事情，我觉得我们一定要三个人都到齐了才算，当然因为环境的关系，比如说像志朋去服兵役，两年的时间，那我们就必须要开始面对，我们自己可能要做一些自己的不同的表演的工作，所以那时候开始我就接触拍电影，接触做自己个人的专辑唱片，然后可能会开始自己要到不同的市场去做发展，到香港，到新加坡，到马来西亚，到很多地方不同去做。

【田歌谈艺录】团队合作精神是中国人最缺乏的，所以中国没有真正的大老板，因为有一种“宁为鸡口，无为牛后”的传统理念在统治着许多人的头脑。像小虎队这种对团队合作的忠诚坚守，堪称一种典范。当每一个人都只关注自己时，那么这个团队就完了。尽管个人终归要走各自的发展道路，但“合作”、“团队”是永远不可或缺的。

←

田　歌：实际上真正的大家很久没有看到你们，大家觉得是忍痛割爱，大家觉得再也看不见那三个可爱的青苹果了，可能就是因为陈志朋要去当兵了，而且是一个两年的时间。

吴奇隆：而且他回来没多久，轮我去了。

田　歌：你又去了。

吴奇隆：所以其实我们是因为大环境的关系，我们比较难有时间聚在一起，凑在一起，到后期的时候，其实我们就因为，我不在的时候，他们也要做不同的发展，就可能也会跟不同的公司，有不同的合作，所以我们现在三个人是在不同的公司里面，那坦白说，在这几年有很多很多的朋友都很关心，希望说也许能够有机会能够看到我们三个再聚在一起。

田　歌：对，这是大家的心愿。

吴奇隆：我相信有很多的朋友跟我们一起成长，有很多朋友可能以前在年轻的时候，他们有那样的机会可以见到我们三个人在舞台上的表演，所以现在反而会有很多的渴望，希望能够在现在这个阶段能够有机会再看到我们三个。

田　歌：对，你们有没有可能啊？

吴奇隆：我们自己会希望去促成一些事情，那这也是我们三个共同的愿望之一，所以虽然暂时来说我们还没有很明确的要做一些什么事情，要怎么做，但是我相信大家的心意，我们三个都感受到了，那我们三个也会尽量的，我们尽量的会有一些计划跟安排，希望能够把这整个事情能够做得非常圆满，能够跟很多喜欢我们这么多年的朋友们，有机会能够再聚一聚。

田　歌：但愿能够心想事成。我想很多观众也对你们有一些期盼，也有一些问题，我们在街上也街采了一些，也许你能够回答一些呢。这是大家的心愿，如果真的能够心愿成真的话，那就是乐坛的一大盛事了。

吴奇隆：希望能够做到这些吧，因为其实这段时间我们三个其实多多少少都会有机会，我们聚在一起，然后也会刻意地去吃饭聊天，去谈一些这方面的事情。但是因为我们分属在不同的公司，再加上我们自己的工作量其实都已经安排的蛮多蛮大的，我们尽量争取，希望能够跟大家一起，然后一起去尽一些特殊的回忆。我们会尽量做。

田　歌：好，好事多磨吧，我从你的言语当中能看得出你很珍爱小虎队的这个形象，所以希望你们能够给我们带来非常美好的，让我们意外的一些惊喜。

吴奇隆：我也在期待这个意外的出现。

从艺人到成功商人的秘笈

田　歌：其实刚才我们大部分的话题都在说你的业余爱好，还要满足观众对小虎队的那种怀念，应该说是关于你过去的一些话题。其实今天我们更想谈的是眼前的这个吴奇隆，已经早就从小虎队的那个帅小虎长成一个大男人了，我听说这个大男人生活能力很强，特别能赚钱，具体表现在有几大技能，就是特能拍戏，接好多戏，只要能赚钱的戏，一概不拒绝的接，这是一个能赚钱；第二个呢，还特会炒股，要炒股就炒叫什么绩优股，这话题我们都很感兴趣；另外一个就是还特会做生意，开了很多很多的餐厅，开一个赚一个。这我们都很爱听啊，这么多话题，我们都很感兴趣，你看这几个话题，我们从哪个开始先说啊？

吴奇隆：都行。

田　歌：那我们就先从炒股吧，现在全民炒股，大家都对这个话题感兴趣。

吴奇隆：其实很多朋友经常也会问我说你会不会炒股，你会不会买股票，会不会做一些什么样的投资？我会，我会做一些投资，但是我不会去炒，因为我一直觉得股市这东西，看每个人的想法，如果你要做投机的短线你会一直去做那个进出去炒作，要花时间，要花很长的时间，你可能每一天一觉醒过来就得看盘，然后就得研究，然后看新闻各种各样的，我可能没有那么多的时间去做这样类型的事情，反正我觉得如果有好的绩优的，好的企业，好的公司，是值得你去投资的，你可以把它当成长线的投资，那我会做这样的投资。投资也应该要有比例，有分配的，你每个月的收入，你不可以全部都拿去做投资的，从我的角度来看就比较简单，我说的收入可能1/3是做事业的投资，1/3是做所谓的存款型投资，1/3是留来花费的，正常花费的。

田　歌：大家肯定你关于炒股的这个经验，前半部的话都没有什么可听的，就你那话专家都说过好多遍了，就后半部关于落实到你个人这一段，大家还是挺爱听的。

吴奇隆：因为我一直觉得炒股不是我们能够，尤其是我的工作状态，真的是不太有可能说你每天去做这样的事情的。

田　歌：你现在告诉我们，是不是股股都赚了吧？

吴奇隆：我不去看数字，所以我也不知道我是赚还是赔。

田　歌：你都连看都不看。

吴奇隆：基本上不要看。

田　歌：准备什么时候去看呢？十年？

吴奇隆：其实我觉得如果说你把它当成长时间的存款，或者是跟长时间的投资，只要你选择的是一个有品牌，或者是一个非常优秀的一个企业，健康的一个

吴奇隆在现场首次独家演唱《注定》

公司，你放在那里，放三年五年的利率回报一定是比银行高非常多的。

田　歌：价钱上有什么标准吗？比如说超过多少钱的，我肯定就不买了。

吴奇隆：不会。不管，不管。因为我也不是买来就要卖的，就存在那里，你也不会知道三年五年后它会长什么样子，或者会跌成什么样子，不知道。

田　歌：那它要跌了，你也不管吗？

吴奇隆：所以在选择上面是很重要的，选择一个什么样类型的股，然后做什么样长线的投资，我觉得这个是心态的问题。在我来说，我只是把它当成存款而已。

田　歌：相当于存款一样，当存款，不用费心，利息还比银行高。我觉得这个股就可能不能太贵。

吴奇隆：不知道，其实我所有的股，你对它的价钱是不会有一个标准的，你只能从它自己的市场价值，它的存率比各方面去评估而已，你也不会知道它到底什么价位才是合理的，因为没什么是合理的价位。

田　歌：但是你心中肯定有一个标准吧，时间，就是说我五年以后，或者十年以后，我必须得看了。

吴奇隆：没有，经常忘记。经常忘记。所以我就是比如五年前，十年前买的，我就放在那里，放到现在还放着。

田　歌：我懂了，这就是大家说的那笔闲钱，对，用不上的。用不上的。那既然有那么多闲钱，你还拍戏，像人家说的拍戏都不带选择的，只要能挣就去。

吴奇隆：我没有不选择，我如果不选的话，我现在大概每个台都得播戏，我在拍戏上其实是很挑剔的。什么标准呢？第一剧本要好，这是第一个，任何演员在接戏的时候，第一个标准是你剧本一定要够好；然后你的搭配的演员，或者是你的制作的公司，他制作过什么样类型的戏，然后发行的状况好不好，其实演员很怕的是拍完一部戏之后可能因为发行的问题，或者因为不同的问题，可能隔个三五年后甚至有些根本就是发其他的渠道，没有在电视台上播，也都会有。所以就变成我们在选择时，会注意这些地方。因为我一样要花四个月，半年去拍一部这样的戏，如果你拍了之后，你想想看如果你一年拍两部戏，花掉你一年的时间，可是拍完这一年之后，这两部戏都没播，那大家就会觉得你没有工作了，你这一年都好像没有播出什么样的东西，而实际情况是我们可能不断地在工作，不断地在拍，可是有很多东西不是演员能够控制的。

田　歌：那你的意思是告诉我，这些年你一直在拍，但不是每一部都及时播出吗？

吴奇隆：会有这种情况，但是我觉得我已经算是比较幸运的，因为八成以上的戏都播了吧，而且播的效果还都挺好的，那我觉得这是选择的问题，就是你在挑剧本的时候，跟挑合作的公司的时候，要非常小心。

田　歌：要选择公司的能力，要选择剧本的好与坏，那你对你自己饰演的角色有什么标准呢？

吴奇隆：我反而不会去太设定自己说你要演什么样的角色，因为演员的空间其实是无限大的，如果你把自己设定在，我只想演好人，我只想演大侠，天天打人，那你会把自己关在一个框框里面，很难有新鲜的东西出来，所以我会尽量去做一些，在有选择的范围内，再尽量去选择一些不同类型的东西。像拍《大码头》，就是对我自己来讲可能是比较少有的类型，一个亦正亦邪的一个角色，然后以前老是打人，现在这个戏就被打得很惨，那是从一个比较辛苦的一个工薪阶层开始，一个小裁缝开始，慢慢慢慢步入了社会，开始了解了商业，开始了解了商场的一些游戏规则，最后成为一个商场大亨。

田　歌：由一个小裁缝变成一个大商人？

吴奇隆：对，变成一个商场的大亨。

田　歌：也有这种很清贫的时候到很富有，然后内心的那种跌宕起伏，命运的跌宕起伏。

吴奇隆：其实我觉得过瘾的地方就是在他从一个单纯的，一个善良的一个小裁缝，然后当他开始接触到商场的时候，他了解到很多商场的游戏规则，一个弱肉强食的一个环境，那有些时候是大环境会逼着你去做一些不同的选择的，那像我，我饰演这个的这个角色，他是希望能够出人头地，他只是希望他在商场上占到一席之地，可是因为不同的环境，那个时候因为当时的背景是有一些外商，有很多不同的洋行，会很多不同的竞争，那会让他一步一步去做一些不同的决定，因为要做这样的决定，他可能要放弃他的友情，要放弃他的亲情，放弃他的爱情。到最后其实我觉得还蛮有教育意义的，当他以为得到他所有想要的东西的时候，他已经成为最大的商场的一个巨子，已经拥有了所有的商铺，拥有所有一切的时候……

田　歌：所有的财富以后变成孤家寡人

吴奇隆：他会发现其实他失去的东西更多，所以最后他是，这个角色他把所有的东西又统统的放出去，然后希望找回原来的自己。

田　歌：又放弃了？好像剧情的安排是用钱也没有买回他想要的。

吴奇隆：对，也没有买回自己想要的东西。

田　歌：它是一个很有哲学意义的这么一个故事。

吴奇隆：对，我觉得故事性，包括它的感染力，包括它的很多的内涵，其实是可以用在现在这个社会上面，其实你看完之后，你还可以想一想，跟自己的生活上，有什么地方是可以接近的。

田　歌：对时下人的那种想成功的那种心愿，可能是会一面很好的镜子，那对你来说，让你反思的是什么？比如说你也在想，你看你在名利场上，想演戏，你要做生意，要想成功，要想赚钱，你觉得这个主人翁和你在一起，要是进行比较的话，你和他最大的不同是什么，或者你要提醒自己的是什么？

吴奇隆：最大的不同就是我已经提前知道了，说当你得到这些所有的财富之后，你不会有什么太好的下场的时候，我已经提前做了各种准备，我觉得其实在我的个性跟他最大的区别，可能是我是一个比较容易知足的人，我觉得我比较容易满足。我会很清楚有些东西其实够了就好，生活是比较重要的，而且有很多的时候，多帮一点人会比较好，其实我也会经常借由拍戏的过程，饰演不同的角色的过程，去体验不同的人生，去了解不同的人的故事，那对我自己是有非常大的帮助的，所以虽然说我会在演艺工作上也不断的有一些新的作品，新的工作，然后家里的事业也会有一些不同的投资，可是所有的事情都有一个最基本的出发点，要有诚信，然后要与人为善，我觉得这是一个最大的重点。

田　歌：刚才说这个作品中的这个人物，你在饰演这个人物，你最大的收获，他就给了你一个提醒。

吴奇隆：会有警示作用。

田　歌：但是我想这可能就是演员的幸福吧，你要是演了一个角色，对自己的人生有提前的一种警告，那是挺不错的，对，但是我觉得从我看你的简历上和介绍上来说，我觉得你并不像你自己所解释的那种，我是一个很容易满足的人，起码你看看你一个餐厅在北京就开了四五家吧，据说马上还要开一家。

吴奇隆：那不是为我开的。

田　歌：为谁开的呀？你赚完钱以后都给我们了，是吧？

→

吴奇隆：有很多其他人，我有很多的员工，有很多一起工作的同事跟伙伴，对，所以对我来说，其实我很多时候我是喜欢那种过程，譬如说像我会喜欢，我有一些想做的事情，我自己没有那么多的时间可以去做，我是一个有很多不同理想的人，可是我的主要的工作时间都是在演艺工作上面，而除了这个工作上面，我觉得人应该还有一些其他的想法、理想跟一些憧憬，那我就会去召集很多，在这方面有兴趣的朋友，大家一起来经营，一起来做一些事情，群策群力去做一些事情，我觉得是这样的。

田　歌：只是再干一件事，别让自己停止。

吴奇隆：对我的过程来说，我是在做一些事情，然后在经历一些过程，是我的工作上体会不到的。

田　歌：可是问题是这种事可不是大家在一起玩，那它是要付出你的精力和财力的，对不对？像你这个店，每一个店开一个赚一个，开一个火一个，你知道吗？我们长期以来都有那么一种观点，不一定准确，就是奸商奸商，你就是得，你甚至就有点儿坑蒙拐骗，你才能赚钱呢。

【田歌谈艺录】能够在演艺场中不断地提高、完善、成就自我是很难得的。人是要有一种知足的理智，最大的陷阱是自己的贪婪。造物忌盈，大自然再偏爱，也不会让哪棵树长得撑破了天，而且人的使命并不是来这个世界上去占有的。巴尔扎克的“驴皮箴言”就说：“要是你占有我，你就会占有一切，但你的生命也会属于我。”人还是要学会珍惜自己，珍惜生命，而不要被名、利、财富的“驴皮”所支配而失去自我。

吴奇隆：我觉得这是很多先入为主的观念吧。

田　歌：你告诉我们，你怎么不是一个奸商啊？

吴奇隆：在我的角度来说，我觉得任何的商业，除非你是做短期的，今天做完这次我就不做了，就是我今天卖完你这顿饭，我就不跟你做生意了，可以，你可以骗他，可是如果你的事业，你的生意是做长时间的，我觉得诚信是真的很重要，如果你没有办法做到这些事情的话，不会有人跟你合作的，因为时间一长，所有人会看清楚你是什么人的，那我觉得以我的生活状况，以我的工作能力，以我主要的收入来源，我是不需要在这上面去做所谓奸商要做的事情。在我的角度来讲，我可能不需要的。

田　歌：你知道吗？我有一天看了一个报道，就是说列举了这个圈内人做生意失败的例子，那你成功的经验，除了诚信，还有什么呢？

吴奇隆：我觉得要把适当的人放到适当的位置上去做他该做的事情，就比如说大家知道我基本上所有的时间都是在演艺事业上面，我能够用来做其他事情的时间真的不多，真的是需要有很善于经营管理各个部门的人在，我觉得每个人他有他的专才跟专长，你必须要擅用他，要给他舞台他才会做，也不像大家所想像的说做生意都是成功的，那我可能也有另外的有20种生意是失败的，大家也没看过。我尽量就是让每个人有他自己的舞台去发挥，其实我很坦白说，不管是在这些事业上面有没有赚到钱，对我来说不是那么重要。我一直觉得我的生活挺好的，也够了。

田　歌：也许是命运，也许是阴差阳错，让你做着体育梦，做着奥运冠军梦的人走上了艺术的道路，现在又自己经商很成功，如果现在有机会让你重新选择，你会选择哪条道？

吴奇隆：很难再重新去选吧，我只能说那个时候，在那个时候真的是因为发生了一些特殊的状况，那我觉得不止是说我那时候进了演艺圈，同时还因为我在运动生涯上面碰到一个瓶颈，因为有运动伤害，受了很多的伤，那也还蛮严重的，所以不一定能够适合在运动上面发展。那如果你要我重新选的话，我只能说不管选的是哪一条路，我相信都会走的很好，而且都会有很好成绩。

袁泉

『孤独』的山茶花

田歌印象

自袁泉出现在大家的视线内，她就以一位文艺青年的形象走到现在，她羞涩安静，很爱思考，就像是人们常说的那种邻家女孩。这么多年，大家都把“袁泉”和“文艺”划等号。她的大眼睛和着装的确有这样的误导，但聊起天来才发现，她不过是喜欢安静，或者可以说是喜欢“孤独”。

整个节目录制当中，她就那样安安静静地坐着，缓缓地说着自己的故事。有关于为什么不爱说话，她也曾对媒体解释过：有的时候我有一种表达恐惧症，特别是在面对公众的时候。所以就看着袁泉她的打扮，她的穿着，她在节目唱歌的状态，她的眼神，她传达出来的声音，我觉得她就是一种生活的记录，对，就是，特别好。

梨园学戏苦读生涯

田歌：我看一篇文章，一个采访你的记者说，他采访过你以后，有一个特别切身的感受，就是说袁泉的艺术气质很浓，然后她跟你谈话的时候你很少讲故事，说你的眼神一直是在游离的，这让我很紧张，所以我希望你今天能够给我捧场。

袁泉：我大概知道，对，可能是因为最早从学校刚毕业，然后刚开始拍戏，接受采访的时候，大家都说我话特别少。然后因为大家总是想听到故事，但是我永远就在记忆里头，记忆最深刻的永远是气氛、味道、颜色，就是好像讲不出他们需要的故事，总是一些很飘忽的那些记忆。

田歌：其实我看了你的故事，我觉得你是一个特别知道自己要什么的人。今天我们这个节目分三个章节，第一个章节我们就说你是怎么追求自己的理想的，那在这之前，我们导演要让我问你一个问题：你觉得一个女演员的成功是靠什么决定的？A机遇，B性格，C美貌，D人际。

袁泉：这个选择我觉得还有一点最重要的漏掉了。我觉得不应该说一个女演员吧，就任何演员，或者说做任何一行，你要想在专业上成功，很重要的是你的专业素质和你对待它的态度。

田歌：专业素质和态度。

袁泉：而其他的，就是上面的这一些，我觉得性格当然很重要，因为越来越觉得性格决定命运，但是可能比如说像我们学专业这么多年，最重要的是你不光是在镜头前，还是在台上，你在做着你自己想做的事情，你通过你积累的这么多年的经验和学到的知识，在完成每一个角色，这个过程才是最重要的。

→

田歌：袁泉的成长实际上和家里人的培养是有很重要的关系的，对，但是据我所知，其实你爸爸不想让你当演员。

袁泉：最早的时候，因为我爸爸是乒乓球教练，所以小的时候我练过很多体育项目，乒乓球、田径，因为小时候跑步很好，也练过跑步，对，还有体操都练过。

田歌：体操也很好。

袁泉：对，但是体操我只练了一个月，就坚持不下来，因为太苦了。

田歌：其实戏曲也很苦啊。

袁泉：后来到学京剧的时候，会发现最开始基础是最苦的，可是当你打好基础，比如说学到第二年的时候，你会觉得那些手眼身法舞都是有韵律的，都是有美的，你就不会觉得它苦了。

田歌：你爸爸想让你当那个乒乓球运动员，你想去搞表演，那这中间有矛盾吗？要说服吗？

【田歌谈艺录】为什么西方美学说性格即命运，中国的荀子说环境决定命运？其实一个人的命运和成功并不是由一个方面决定的。作为一个女演员，她的成功至少有两条是不可或缺的：一个是长得好看，一个是演得好看。没有前者，有时你连入门都不大可能，还谈何发展？没有后者，你至多是昙花一现。美貌不是罪过，是一种天赐的优势，这无论男女，没必要讳言。但美不美并不决定你的命运，成败要靠自己把握。

袁泉：没有，因为他是希望了，但是他因为自己是运动员，他会知道体育这一行是非常苦的，他希望把我引进这个门，可是不会强迫我。

田歌：我觉得我不理解，因为你那个时候是八几年，八八年，我觉得你那时候再去训练戏曲，好像应该还有别的机会，为什么要去选戏呢？

袁泉：有一个原因是因为我家里的我的父母，还有我的爷爷奶奶都特别喜欢京剧，所以我小的时候也经常听一些样板戏，会听，然后还会看一些京剧的电影。然后像《徐九经升官记》之类的这些，所以我会觉得很有趣，好玩。当戏曲学院到我们家乡湖北沙市去招生的时候，我当时就去考了，对，其实是抱着玩的心态去考的。

田歌：那人家一看这么漂亮的小孩，赶紧的要了。然后你也也开心上北京了。

袁泉：对，然后当这一个礼拜过去，我开始上课之后，一下子就懵了，因为妈妈也走了，然后我们大概五十几个小孩子，年纪差不多，最小的我十一岁，最大的大概有四十一岁的，在一个班父母都不在身边。

田歌：一堆小娃娃，对，一堆小娃娃，挺可爱的。

袁泉：然后可能每天早上6点半就起床，天还黑的时候就穿着军大衣就跑步了，对。

田歌：那个时候学校生活给你留下最深印象的是什么？

袁泉：很苦的，确实很苦，然后会让我觉得挺挑战你的意志力的，因为小孩子他毕竟，我们并不是从很小就开始练体操那样的感觉，就是父母会陪在身边，那把你自己抛在一个地方，然后你天不亮起床，然后一直要到天黑了还在练功，完全没有自己业余的生活，还是挺苦的。

田歌：在家里还是娇宝宝呢，到那儿就得自立了，那你能吃惯北京的饭吗，当时？

袁泉：还可以，但是很有趣，因为我现在想起来觉得有一点要小心眼儿，因为最早的时候，因为我妈妈是回族，所以就给我报的是回族，我妈妈当时想的是，报回族的小孩子人比较少，待遇会比较好一点，然后可以开一点小灶之类的。然后我第一天到食堂的时候，发现有三个小朋友，我们三个人在另外一个区域吃饭，跟汉民是分开的，我挺高兴的。然后到第二天早上起来的时候发现只有我一个小朋友了，因为其他两个小朋友发现回民菜不好吃，就已经回到汉民桌上去了。

田歌：还真是有趣。回到学习上来，其实我觉得你要是演戏曲，除了你的结构不是特别合适，我觉得可能你的身材条件也要吃点儿亏，因为那个戏曲它都要求是缩的，他要短的啊，你这这么长的腿。

袁泉：是，这也是当时练功觉得特别苦的一个原因，因为别人可能费一样的力可以做到京剧要的要求，可是我永远做不到。因为踢起来的时候，因为当时我们觉得腿踢到脑门是最漂亮的，很有力的，可是我腿永远是慢悠悠的就踢到上面去了，然后怎么往回掰也还是觉得够不到脑门。我当时自己很懊恼，然后也是那种经常礼拜天偷着自己去下苦功的孩子，当时我们的班主任教我们基本功的叫黄平老师，我非常感谢他，他当时教我，看到我前两个月这种状况之后，他就跟我说，袁泉，你不用这样压，他说因为你并不是需要唱武的东西，可能你的行当是青衣花旦，你只要把圆场的那些基本功跑好就好了，他说你的腿不一定非要缩成那样，因为你腿太长了，没有办法，你只要把腿软度压好就好。

田歌：救了你一把。

袁泉：对，救了我一把，之后我就因为有了一个方向，就不会让自己死钻着非得要那样。

田歌：你当时是花旦，青衣，还是武旦啊？

袁泉：我的行当是花衫，花衫，衣衫的衫，它是介于青衣和花旦中间的一个行当，就是不会像青衣那样唱腔，只是捧着肚子唱，然后可是她比花旦要多一些唱的功底，比如说梅派的，其实就是属于花衫系，像《霸王别姬》、《贵妃醉酒》和《天女散花》这一类的都是边唱边舞的。

田歌：其实我觉得京剧是一个很美的艺术，练的时候当然是用苦水浸泡的，现在要让你回忆京剧最美的是哪些呢？

袁泉：京剧啊，举手投足，真的，手眼身法步，你每一个行动都是很有讲究的，像一年级刚开始学的抖水袖，可能就是轻轻地抖下去就好，但当你学了戏之后你会发现每个人物抖水袖的速度，韵律和心情是不一样的，所以有的可能如果是讨厌的时候是这样的，有一点嫌弃的，如果是有一点娇嗔可爱的，在开玩笑的时候可能是那种缓缓的一点点。

田歌：学了7年，7年，从附中再进入大学。

袁泉：没有进入大学，附中7年毕业。

田歌：附中就要7年啊，对，附中要7年啊，是只有学戏曲是这样吗？

袁泉：对，最早还要十年呢，所以想来觉得其实这7年真的收获很大，因为能够让我有那么长一段时间，可以从不知道自己为什么去学京剧，到慢慢懂，慢慢投入，慢慢喜欢，到曾经真的有一段时间我觉得我立志要当一个很好的京剧演员。

田歌：曾经有过这个志向，是吗？

袁泉：对，大概在学到四五年级的时候。

田歌：那你演的第一个大戏是什么？

袁泉：我演的第一个，就是第一次上台，我记得那个时候是在北京的吉祥戏院，就是东安市场那儿，那个时候每个学期末如果有好玩的，就是彩排的很好的戏，会到那儿去演出，然后我第一个戏是《苏三起解》，对，那是一个大戏，我们演的是《苏三起解》中间的一个折子，折子戏，大概15分钟左右的，还带着枷，对。

田歌：苏三是一个很著名的戏曲人物，能演这个角色的，那都是学校的班里的优等生才能演的。

袁泉：它是算我们的启蒙戏，就是很多时候学京剧的第一出戏非常非常重要，它算是需要每个人打好基础的时候都要学的戏，对。

田歌：我总觉得袁泉还没碰到最适合她的角色。

袁泉：我一直在期待能够有一个角色让我可以用到京剧。

田歌：对，这么好的7年的基本功，到现在没用上。

袁泉：会有的，等。

大学时光孤寂并美好着

田歌：7年之后，袁泉毕业了，当时你对这个世界有什么样的想像，对自己的事业有什么样的想象？

袁泉：其实坦白讲，到第7年的时候，心就有一点在开岔了，在考虑自己的将来，因为我是湖北省京剧团请中国戏曲学院附中代培的学生，所以毕业之后必须要回到湖北省京剧团，可是当时京剧的那种状态可能还不如现在，因为现在有很多扶持，还振兴了，当时其实确实有点儿萧条，所以自己心里也在想，说我真的要回到湖北团去当一个京剧演员吗？

田歌：动摇了啊？

袁泉在谈话节目现场

袁泉：因为当时也有很多，比如说会有剧组到学校去挑小演员之类的，然后也知道中央戏剧学院和北京电影学院，特别是当我们毕业的那一年，我们到中央戏剧学院去看了一场他们当时90班的毕业戏，叫《第十二夜》，莎士比亚的作品，然后看完那个话剧之后，心可能就整个飞掉了，不稳定了，对，就会觉得说真的很棒，真的还有另外的东西可以吸引到你，然后当时就在做打算，说我要考中央戏剧学院。

田歌：那当时就可以留下来啊，找机会啊。

袁泉：不能够，当时因为毕业还是要回湖北团，所以其实回团待了半年之后，又重新考了学校，这样。

田歌：那是在什么样的想像下，又来到北京了，你觉得你一来就肯定能考上吗？

袁泉：不一定，所以考学的时候也还挺紧张的，之前还做了挺充分的准备。

田歌：都做哪些准备？

袁泉：就是声台形表的那些，请老师辅导啊，然后自己天天练。

田歌：那个对你来说不难了吧？但是会不会你的戏曲味太浓了，考试的时候。

袁泉：还好，这一点我自己也觉得还挺奇怪的，因为照道理说身上会有很多程式化的那些表演习惯，可是好像在我身上这一点比较淡，好像就是从进入中央戏剧学院的时候，有一道门把原来的那些表演习惯隔开了。

田歌：这就是悟性了，很多人要克服很多年都克服不掉。

袁泉：对，好像是，但是如果说什么时候需要用到京剧里的那些东西了，又可以信手拈来，立刻可以拿出来。

田歌：这就是变成你的财富了，对。当时你其实也可以考电影学院吧。

袁泉：也考了，不是那么专一。

田歌：也考了啊？

袁泉：对，当时怕一个学校不一定百分之百，然后也考了电影学院，但是两个学校的通知几乎是同时收到的，当时就有一个很头疼的选择，不知道究竟是应该选择哪一个学校，然后之后我也非常感谢我的班主任常莉常老师，当时他知道我考了电影学院，然后她找我谈过一次很长的话，就是想问我心里到底是怎么样想的。

田歌：她是不是怕你流失了？

袁泉：她会希望我能够上中央戏剧学院，然后她给我父母写了一封6页长的信，还有这么好的老师啊，对，这也是在好多次谈到的，但是我现在讲起来，依然觉得很感谢，特别感激。满满6页纸的信，上面写了很多让我爸爸妈妈放心，就是以她对我的判断，她希望我能成为一个除了影视之外，也能成为一个很好的舞台剧的演员，然后就是有很多细节，包括她写到说你的孩子毕业之后你不要担心她的分配问题，她可以去的剧院有北京人艺、中国青艺、中央实验话剧院、中国儿艺，北京儿艺、还有总政话剧团、这些所有的团体你的孩子都有可能可以进入。

田歌：可以说是前途无量。

袁泉：其实她想让我父母放心，支持你，就是不要担心我毕业之后的事情，所以她真的想的很远。我现在想起来真的很感谢常老师。

田歌：那当时你进到学校是什么感觉啊？

袁泉：当时不光我们班了，还有其他班的那些哥哥姐姐们，就会觉得原来觉得自己还不错，进到学校之后就突然觉得原来有这一番天地，就完全自己没有任何优越感了。

田歌：美丽的亚当夏娃都在这儿，是吧？

【田歌谈艺录】人们爱说千里马常在而伯乐不常有，但至少演艺界的伯乐从来就不缺少，关键在于你到底是什么马？你光长得像千里马不行，你的脚力得日行千里。所以，决定一个演员命运还是那两条：长得像千里马，你才能入伯乐之眼，你才有入这个门的可能，因为这是一个专门要给人看的待业；跑起来也得有日行千里的脚力，人家才会把你当成千里马来用。因为演角色来不得半点滥竽充数，即使是跑龙套，一举手一投足，那也是要有十足功夫的。

←

袁泉：对，真的。当时会觉得说其实是挺自卑的。为什么？就是会觉得好像真的条件好的人很多，非常多，你每天碰到的，你同班，会觉得有一些压力，但是这些压力对我来说，我现在想想真的也正因为这一些压力吧，让自己自卑，所以让自己很用心的去上课。

田歌：我觉得不应该有什么压力，你看表演课，咱也学过，对吧？形体课咱有戏曲基础呀。

袁泉：我觉得可能是对于一个新环境的不确定。

田歌：怎么不确定，我还是听不懂？

袁泉：就是对一个新环境，你会觉得说有很多很优秀的人，而你刚踏入这个校园的时候，你什么都还没有学的时候，你当然会觉得心里特别忐忑，不知道能不能学的好。

田歌：那你是那种一到一个新的领域或者新的地方就有一些恐惧的人吗？

袁泉：对，会，会的。

田歌：那就是实际上这样的人就是谨慎，小心。

袁泉：对，你真的会全心投入去学，因为你不会让自己有任何优越感。

田歌：这种不确定，甚至有些自卑，那持续了多久啊？

袁泉：我觉得应该是在半年吧。

田歌：那还好，对。

袁泉：因为在慢慢，你上课，然后你交作业，你的作业得到了肯定，可以参加汇报，然后跟同学们也慢慢慢慢的熟了，之后这种紧张感就没有了。

田歌：有的时候我会，其实因为那个棉花胡同，是吧？然后中戏那个院子，我也是去过多少次，每次走到那个胡同和那个院子的时候，你就会有一种不一般感，对，其实也就是个小窄胡同，对，那院子还特别小，可是怎么有那么多出色的，美丽的，那么多的大演员都从这里诞生的？

袁泉：我觉得特别幸运中央戏剧学院可以在东棉花胡同里面，因为周围的那一片胡同让我们学校，就是安静了，就是它好像在那么一个喧闹的城市里，有一片很安静的地方可以让你起早功，可以让你安下心来学习，然后我记得在学校的时候，我有的时候可能碰到什么问题，或者作业交的不太顺利的时候，心情郁闷的时候，就会到隔壁的那些巷子跑步，对。

袁泉：很安静，非常安静。

田歌：你现在会经常回去吗？

袁泉：后来有一长段时间，因为工作很忙，偶尔一年大概回去一两次，但是今年很幸运的是因为我做我的新的专辑，然后最后一个城市定在了北京，所以就勾起好多好多回忆，就是说一定要去这一些平时很想去，但是又没有机会去的地方，所以那两天大概，对，我就在学校周围，把所有的巷子都转遍了，回到学校里，记录下来。像一个根，对。

田歌：其实你们在那个学校，表面上看起来是在学表演技术，其实我想问你，就除了学表演技术，你在中戏还学到了什么？

袁泉：我觉得这个气氛是能够让你的心在成长，它无关的一些技巧，就是你上课，可能通过你的人物你也在成长，就是你表演的角色，它会让你成长，然后跟老师的那一些交流，真的觉得，因为演一个角色，它真的是跟你的阅历会有关系，你对于它理解的深浅，但是你可以通过跟老师的交流，他把他的很多对人物和对人生的感悟告诉你，你的角度就会不一样了，提前可以去揣摩。

【田歌谈艺录】与角色一起成长，对于青年演员来说太重要了。好的演员会赋予角色以精气神；而好的角色也会一点点地增长、提高一个演员的气质、魅力。

←

田歌：就是学到了一种职业的态度，对。在中戏那个地方，每个导演，不管是大导演，小导演，选演员都会去中戏的，那个时候你的同学是不是都有人已经出去拍片子，你是比较晚的吗？

袁泉：对，我应该算是恰恰好，但是因为前两年的时候，确实是没有什么机会，第一年第二年，但是因为第一年第二年的时候是要上基础课，所以不能够出去拍戏，当时自己心里也在想说，不知道到三年级，可以让出去拍戏的时候，我会不会能有戏拍，所以恰巧在二年级暑假，二年级其实最后那个学期快要结束的时候，遇到了《春天的狂想》。

“山茶花”缤纷绽放

田歌：在这之前，看着别的同学去拍戏，你会着急吗？

袁泉：会很羡慕，是吗？对，会很羡慕的。

田歌：那时候比如说像梅婷，像章子怡，她们都是演了很重要的戏，那个戏影响也挺大的，你们会一起去看吗？或者老师会带着你们去看，还是自己偷偷地在使劲，在学。

袁泉：但其实那些戏都是在二年级之后，才能去拍的。

田歌：那时候你对自己的未来有什么设想呀？

袁泉：那时候对自己的未来，拍了第一部戏之后，就觉得挺幸运的，觉得希望自己可以再往前走。

田歌：然后就要去演电影了，第一次就是演这个《春天的狂想》，那次印象你应该是很深的，导演怎么看上你的，怎么选中你的？

袁泉：当时演《春天的狂想》是因为滕文骥导演的夫人，小鹿，对，是翁鹿明老师，她当时到我们班去看我们班的一场汇报，然后我在那场汇报里面演了一个悲剧和一个喜剧，然后她后来可能就是问了问我说，我原来曾经学过京剧，她就觉得，她看完那场汇报，离导演要拍这部戏大概有半年吧，所以当导演说希望找一个有戏曲功底的一个女演员来演的时候，她就想到我了。其实是翁鹿明老师，就是滕文骥导演的太太把我推荐给导演。

田歌：你演的《春天的狂想》，还有那个《美丽的大脚》，这两个都得金鸡奖了，对吧？那时候鲜花太多了，会不会觉得自己不错，成功了？

袁泉：这个不会，这个不会。可能因为从小的家庭教育吧，好像我从来不是一个会得意的人，就是即使是知道自己这个答卷交得非常漂亮，但是自己心里永远是有一种小小的惶恐和对于自己创作的不满足，对。

田歌：这个是很可贵的，濮存昕也是这样，刚才跟他谈话，他也说他总是有一种谦卑感、谦恭感，就不敢太张扬。

袁泉：是，所以有的时候，觉得好像是你的所有的注意力如果说放在你的角色上的时候，有的时候有一些夸奖或者你觉得有一些溢美之词，那些其实并不重要，重要的是你自己心里怎么判断你自己，我知道我还有多少没有做到，然后我下面需要更去努力的。

田歌：其实袁泉其实正像常老师设计的一样，演了电影，获了奖，然后又去演话剧，创作的天地很自由，很开阔，对，但是我觉得你比如你演了《琥珀》，还演了那个《暗恋桃花源》，我不知道这种放下，拿起，为什么要放掉电影，去拿起话剧呢，因为话剧它还是太小众了，知道的人太少了。

袁泉：首先是对舞台的一个感觉吧，可能因为11岁就开始学京剧，对舞台的感觉会觉得特别亲近，而且孟京辉是我们上大学时候很崇拜的导演，看着他的戏成长起来的，能够有这样的机会，其实就是一个机遇，这种机遇你可以说是你自己创造的，但是也可以说是上天它无意识的给你的，也不是说我放掉了多好的电影，我要选择去演话剧，是因为在那两年我所有碰到的机遇就是跟舞台剧有关的。

田歌：但是你要知道影视影响力远远大过戏剧创作，舞台剧有些小众了。

袁泉：对，但是这一点对于我来说，可能真的在心里不是最重要的。

田歌：我记得有一次我和一个搞编剧的女孩儿在聊天，然后看大杂志，翻那种时尚的杂志，都是你的照片，好漂亮，各种杂志封面，很时尚。我说你看袁泉，那时候我还不知道要采访你，我说袁泉这个演员怎么最近她怎么不演电影了，为什么演话剧，为什么她总是在登封面，是因为封面有钱，还是什么，她说不是……我们两个在议论，说你不觉得袁泉在有意追求自己的一个艺术风格

袁泉在谈话节目现场

吗，她就好像喜欢走一种小资的，文艺的创作道路，这样的话有可能她的创作会窄，就这样的角色就会少，她不是一个特别追求商业化的这种表演的人。

袁泉：其实没有给自己设定要去走怎么样的一个路，但是偏偏你碰到的角色和碰到的机会，是这个类型的，那你自己从这么多角色当中选择的是你自己选择的，你喜欢的就是这个类型，没有办法。然后像你刚刚说的封面，其实现在对于话剧来说，也确实是需要一个推广，你需要让更多的人知道，现在有一部还不错的话剧正在上演，希望能够让更多的人去看，所以才会有这些封面，这些采访。

【田歌谈艺录】能够忠诚于小众艺术的演员，能够为了艺术的追求而不在乎名利的演员称得上是一种伟大。但造物从不负有心人，肯坐冷板凳的人，总有一天会热起来；总去追热板凳的人，热一阵便会冷下来。因为铁板烧永远没土坯炕保温。

←

田歌：你知道女演员创作生命还是很短促的，你又去演戏，又去唱歌，你还不如赶紧去多创作几个角色，我是想问你会有年龄的紧迫感吗？

袁泉：年龄的紧迫感倒还好，因为确实这也是演员的一个非常好的地方，因为你在不一样的年龄段，你真的会有机会碰到适合那个年龄段的角色，说不定比你在青春岁月的那一段要精彩的多，所以这个并不着急，还有一个就是角色真的可遇不可求的，如果你这两年真的碰到了，那么打动我的角色，我一定会去演的。

田歌：生活上，我看过一个好像是谁给你说过，赶紧享受生活吧，这句话让你特别受用。你现在是在真正的享受生活了吗？

袁泉：我希望我能够像霍建起导演那样去对待生活，我觉得他是真的少有的，经常现在有的时候到周末了他还会跟他太太两个人去听讲座，这么悠然。他的生活除了他要拍的电影之外，没有其他琐碎的杂乱的事情，他会把他们挡在外面，没有过多的应酬。然后他太太也是我非常崇拜的，写了那么多好的文章、剧本、书。我觉得他跟我说，你好好享受生活吧，我想好，我要学习像你那样去生活。

→

【田歌谈艺录】道路并不是设计出来的，是走出来的，所以西方人讲认识赫拉克勒斯要从他的脚上开始，意思就是说他的英雄之路，是靠自己的双脚踢开的，而不是神的恩赐。有道是顺其自然，水到渠成，你只要是功夫到了，也就成了。

佟大为

娱乐圈的新好男人

田歌印象

提起佟大为，最容易想起来的是他演过的一系列与“青春”有关的角色：《玉观音》里的杨瑞、《奋斗》里的陆涛、《与青春有关的日子》里的方言，等等。荧屏上这个张扬不羁的青春偶像，其实在生活中非常低调内敛，当我们聊起他的女儿时，佟大为眉飞色舞言语间透露的全部是幸福。

在访谈间隙，佟大为也不忘晒晒自己的“保卫家庭”心得，他表示，婚姻中出现的中年危机或是七年之痒，都是因为双方缺乏有效沟通，作为一个好丈夫，首先要放低姿态，任何情况自己都会是先认错的那一个，对爱你的人就不应该和她计较谁对谁错。

可以说，佟大为在演员、丈夫、父亲这三个角色的扮演中都非常成功，做演员呕心沥血，做丈夫严于律己，做父亲以身作则，堪称娱乐圈新好男人的典范。

希望女儿找一个像爸爸这样的老公

田　歌：现在在大家的眼里，佟大为是一个事业、生活都很顺风顺水的这么一个成功人士。

佟大为：谢谢。

田　歌：所以我想可能大家和我一样，都有很多问题想请教你，你是怎么守住自己的幸福的？

佟大为：怎么守住自己的幸福……

田　歌：坐下来慢慢聊。

佟大为：好。

田　歌：看到佟大为，我的那个语言有点不溜了，你知道为什么吗？我没法相信你是孩子的爸爸。

佟大为：但确实，我的孩子已经两岁多了。

田　歌：你生孩子之前，做好心理准备了吗？

佟大为：没有心理准备，完全是老天爷赐给我们的。

田　歌：比你想像得要累吗？

佟大为：我觉得就是没按我们设计的时间，他来了，反倒让我们觉得没有那么大压力。因为本来我们俩计划是，2007年结婚，然后想生一个兔宝宝。

田　歌：提前了好几年。

佟大为：提前了，我们俩就刚登记，元旦，登记了四五个月，然后突然我老婆有一天给我打电话，说老公我告诉你一件事，我说什么事，因为我在拍戏，特别累，然后我还跟她说，我说回头再说，这边正忙着呢。她说你等一下老公，她说去一趟医院，去医院，怎么了，我说你别生什么病了，然后她跟我说我怀孕了。就完全是一个，就不在我们计划之内，因为我们本来想说，刚结婚，两个人还计划每年拿出多长时间去旅行，然后去很多就是结婚之前说过的那些。

田　歌：你还很会享受生活呢！

佟大为：就是想去玩的地方，都没去，然后就，这个怎么办呀，是要还是不要啊？但是男人往往在这个时候要装得很镇定，她问我，我说当然得要了，其实说这个话，心里一点底都没有，而且我当时有一个担心，就是我们推算那个时间，那段时间应该是我感冒、发烧，然后又吃中药，又吃西药，又去输液，就怕孩子健康有问题，我说这样，我们先去医院看一眼，医生如果说这个孩子健康没问题的话，我们就要，但是说这个话，还是心里没底，因为没做好做父母的这种思想准备，然后后来就属于硬撑着装镇定，逐渐适应这种状态，适应这样的一个角色，慢慢的就找到了一些感觉。

田　歌：生活中，我们永远不知道，今天会发生什么，明天会发生什么，但是怎么掌握和把握，我们现在所获得的一切，确实需要一个人的智慧、能力和勇气了。

佟大为：反正这种出乎自己意料这种事情的发生，我建议大家还是要放宽心，就可能刚来的时候，不光是说怀孕生孩子这样的事，生活当中会有很多我们意料之外的事情发生，刚来的时候，肯定会有一些紧张，一些突然，但是睡一觉，或者是过几天，你就会把这个事情看得没有那么吓人，没有那么可怕了。

田　歌：你现在是演员，是丈夫，可能爸爸对于你来说，你是不是做得……

佟大为：少。

田　歌：是欠缺的。

佟大为：对，欠缺的。

田　歌：跟她在一起的时候少。

佟大为：少。

田　歌：我觉得她有一天会问你，爸爸我是哪里来的？你怎么回答呢？

佟大为：现在没问我呢，我也没想过怎么回答，但是现在我只要在北京，一周我会跟她玩两天左右，比如说会去公园放放风筝或者是在小区里陪她一起玩什么的。

田　歌：你小时候问过这样的问题吗？

佟大为：都问过，大人的回答都是从石头缝里蹦出来的，什么玩意儿都是这种。

田　歌：树上掉下来的，垃圾箱里捡来的。

佟大为：对，但是现在父母应该都会，我女儿好像说过，问过这样的问题，我老婆告诉她，是从妈妈肚子里出来的，是这么讲的。

田　歌：是，过去的这种对孩子那种教育和现在真的反差特别特别大。

佟大为：对。

田　歌：现在是越来越实事求是的。

佟大为：让她知道的越多，她越不好奇，你越不让她知道，你让她知道的越少，他可能到时候越有那种好奇心的驱使，去做一些傻事。

田　歌：有了孩子，你是不是经常会想到爸爸，你的爸爸？

佟大为：对，我就是，我，也是孩子一岁多以后，我才有这种感受，孩子一岁以前，我父亲这个角色也是慢慢进入状态的，因为跟妈妈不一样，妈妈怀孩子，她有怀孕这样一个阶段，就是孩子在肚子里的时候，已经两个人是有交流，有沟通的，但是作为父亲可能，只是一个，大家给你这样一个称谓，或者孩子的妈妈给你这样一个称谓，你们俩，我跟孩子之间那种感情，真是在一起接触，在一起相处得时间长了，才真的有父女之间的那种感情。

田　歌：你希望你将来在你女儿的心目中是个什么？

佟大为：我希望我能做成就是，我女儿的择偶标准是要找一个像爸爸这样的老公，至少是这样的，我希望我在她心目中能是一个优秀的男人的形象。

田　歌：优秀的标准，但好多女儿因为这个就找不到。

佟大为：不，我会鼓励她，我会鼓励她，我觉得也不能拦着，看到一些年纪大的朋友，然后他们的女儿，可能大学之前，他们说你不能准谈恋爱，大学之前不准谈恋爱，然后大学一毕业，说赶快给我带个女婿回来。

田　歌：对。

佟大为：不现实的事情，所以一定要她到了那个年纪以后，我看过一个曾志伟的一个采访，就是说他女儿到了一定年纪，他把该说的都告诉他女儿了，然后就是说，从父亲嘴里说出来，告诉她这些东西，总比让她自己去碰强吧，我是希望她到一定年纪，然后我跟我老婆，我们俩选一个代表，然后把一些该说的告诉她，然后我可能会跟她讲一些社会应该注意的事，跟这个男朋友相处应该注意的一些东西，告诉她爸爸年轻的时候干过哪些事情，然后可能现在的年轻人会干哪些事情，然后你要注意哪些事情。

田　歌：现在，我觉得现在的人，真的当爸爸，当父亲，当丈夫，好像真的都比原来进步了很多，原来我觉得当的都有点简单，有点本能。

佟大为：也是有时间吧，而且现在孩子也比原来少了，原来一养养好几个孩子，确实是顾不过来，我们的父辈，我妈妈那一代，什么姊妹五六个，六七个，都是老大带着后边的几个弟弟妹妹什么的，都是那种。

田　歌：其实现在有很多的年轻爸爸妈妈，基本上想到孩子，说到孩子的时候，就话很多，然后基本上两种做法：一种是说我一定，我下辈子，我要为我的孩子活着，我要把我的孩子培养成情商最高的人；还有一种说，我虽然有孩子，但是我绝不放弃自己。

佟大为：这都不矛盾，我是希望我希望我女儿除了两项职业不要做以外，其他她干什么，我都支持她。

田　歌：哪两项？

佟大为：演员和运动员。

田　歌：就是别干你的职业。

佟大为：对，就别干我的职业，也别干运动员。

田　歌：运动员，世界冠军多荣耀。

佟大为：运动员一身的伤痛，一辈子，我知道的，就是但凡跟运动沾边的，除了丁俊晖打桌球，应该不会受伤以外，其他应该都会受伤吧。

田　歌：当演员。

佟大为：然后运动员的生命周期又很短，女演员生命周期也没有那么长，我是希望她除了这两个工作以外，其他的，她做什么我都支持，只要她开心。

田　歌：那你现在在爸爸、丈夫和演员这三个角色当中，你最担心发生的事情是什么？

佟大为：最担心发生的事情，我希望家人都能够健健康康，平平安安，因为我看，尤其这几年的灾难特别多，我希望真的就是能少一些灾难，然后大家都能够健健康康、平平安安地活着。

我从来不留女演员的电话

田　歌：你什么时候觉得自己是一个男人的？

佟大为：我觉得从结婚领证那天起，那是一个分水岭，虽然那个是一张纸，一个证，但是那个之前，应该都算男孩，因为没有家庭，你是一个人，从法律意义上，从这个人生来讲，你都是一个人。但是从那天之后，领了那个证，原来两个证18块钱，现在说是便宜了，已经变成9块钱两个证了，从那天开始就应该称为真正意义上的男人了。

田　歌：你觉得一个男人的成熟是从结婚那天开始，还是从有的孩子那天开始，还是遇到了重大挫折那一时刻开始？

佟大为：我觉得应该是随着这个时光的流逝，经历了一些事情，才能说逐渐逐渐成熟。它不是一个说我今天结婚，我就长大了，我今天当父亲了，我长大了，不是，不是这样的，每个人的成长肯定都是经历过一个一个坎坷，然后面对一个一个困难了，然后自己去面对它了，去解决它了，才长大，然后才知道，怎么当丈夫，怎么当爸爸，怎么当这个家。

佟大为在谈话节目现场

田　歌：你觉得女人需要什么？

佟大为：女人需要爱情，女人不需要太多的物质，女人，就是男人和女人比较，男人可能是偏物质的，女人是比较偏于情感的。

田　歌：对，男人把婚姻当成是人生的一个战役，打过了就过去了。可是女人希望那种情感细水长流。

佟大为：对对对。

田　歌：但是这是天性决定的。

佟大为：所以要不时地有像《守候我们的幸福》这样的片子提醒男人该做什么？而且这个戏里还要提醒男人不该做什么？

田　歌：不该做什么？

佟大为：我刚才跟那个制片人在交流，我说我们戏里有一个情节，我觉得特别好，我说这个男女，一对男女不是夫妻关系，两个人如果一起去喝酒，喝醉了，这个事就特别可怕，如果你的老公有机会跟异性有这样的基础，一定要杜绝，因为这个酒后，很多就是断篇的，你说现在很多人一喝酒喝断篇的，他确实不知道他做什么。

田　歌：那你会不会提醒那个女演员，如果她找了一个丈夫是男演员的话，一定不要留女演员的电话。

佟大为：反正我现在是这么做的，其他人怎么做，我就没法控制了。

田　歌：留电话会出事吗？

佟大为：我觉得是给自己少一些这个不好的事情发生的土壤。

田　歌：那就是，所以对于你来说，是不是里有清规戒律。

佟大为：没有，我觉得主要是我们这个行业的特殊性，我觉得就是你说从不认识到认识，男女演员在一个环境，尤其是什么穷乡僻壤，一呆呆好几个月，日久生情这个事，那是人性，他不是说我多高尚，我多崇高，我多自律，我就能怎么样。

田　歌：没有，我觉得你就是高尚和自律。

佟大为：不不不，反正我现在就是，绝不给自己这样的土壤。我一般都是，我到外地拍戏，拍一段时间，我们组里头聚会，我都会说一帮男的出去，一帮男演员出去吃吃喝喝什么的。

田　歌：是不是你自己是一个很脆弱的人，在感情方面？

佟大为：不脆弱。我一点都不脆弱，但是我就是，我就是不给自己这样的土壤。

田　歌：那你干吗给自己这么多紧箍咒啊，其实剧组就是一个滋生感情，创作的土壤。

佟大为：不不不，那个结了婚的人要自律，一定要自律。

田　歌：是不是身边，在你的身边发生了很多结了婚的人不自律的事啊。

佟大为：我刚才不是说了，我说这个日久生情，它是人性，它不是说像我说，谁好他就不会干这样的事情，吴越说了一句话，大概的意思就是两个人产生感情是很正常的事，但是能不能在一起，就是人会有高级的判断。就是很多那种瞬间的那种好感是动物性的，虽然我们是人，但是我们也有动物性的一面。

田　歌：没去过剧组，不知道剧组什么样子。

佟大为：大部分剧组还是很好的，但是有的时候，尤其是去外地，去那个一个特别封闭的什么小县城什么玩意儿要是一呆呆几个月，年纪再小一点的演员，刚从学校出来，他们肯定待不住，像我现在，我真是收了工，我就上网玩玩游戏。

田　歌：把门反锁。

佟大为：我就是。

田　歌：不给电话号码，人家也没法找你，对吧？我知道了，我觉得这个滋生土壤的话，你应该做到这么几点，不和一个演员演爱情戏演两次，第二个绝不在戏里。

佟大为：不会不会。

田　歌：第三不留电话，第四个不和女演员到穷乡僻壤去拍戏，然后演戏的时间不能超过几个月，那这个还能当一个好演员吗？

佟大为：我没有那么绝对，去穷乡僻壤可以去，2009年，我们在那个中山和珠海交界的地方，我们拍了三个多月的戏，我们一帮男演员处得很好，每天收了工，一帮人去游泳，游完泳，然后跑出去吃海鲜，反正就是很少跟女演员在一起聚会，跟女演员聚会除非是导演强烈要求，导演说，今天我们请客，把组里的所有演员都叫上，然后就才把女演员拉上。

田　歌：那不是孤立女演员吗？而且我觉得随着有一天你的成熟，你一定能够做到什么事都带着女演员，而且也不产生日久生情的现象。

佟大为：我现在觉得我也能做到，但是我还是希望我不给自己这样的土壤。

田　歌：我在记得我在准备你的素材的时候，看你的那个访谈，然后旁边有个人说，我喜欢佟大为讲的这句话，我说哪句，他说你看我演完每一个角色，大致的意思说，我都要去看看，总结一下，发生在这个角色身上的错误，我有没有犯，犯过吗？

佟大为：应该说每个角色身上都会学到一些就是生活当中能用得到的东西，就比如说前边的这个《婚姻保卫战》，《婚姻保卫战》里边，就是我在那个戏里有大量的吵架的戏，我就在那个戏里头学会了，怎么更好地跟老婆相处，就在拍那个戏的时候，我在这个过程当中，我就知道怎么更好地跟老婆相处，还有一个里边，就是学到了另外一个东西，就是说红颜知己这个事，这个事情很危险，这个也是日久生情，因为戏里头，我在那个戏里头有一个事业上特别志同道合的那么一个异性，然后比自己还大几岁，然后两个人就是因为在事业上的这种志同道合，然后又经常在家里有不顺心的事，慢慢慢慢就跟这个人倾诉，然后两个人走到了马上要越过那个雷池，然后在马上要抬脚之前，自己清醒了。

【田歌谈艺录】一个演员，最大责任是在演戏中去表现生活；最大的得天独厚的优势，是在演戏中去学习生活。这是个一箭双雕，一石二鸟的好职业。聪明人一定会左右开弓，收取这两种收获。

←

田　歌：那你生活中没有红颜知己。

佟大为：没有。

田　歌：那你说完以后，我别担心，你知道吗？我特担心黄海波和海清再演下去，我特担心你和马伊俐再演下去……

佟大为：没问题吧，我跟她老公这么熟。

田　歌：我注意到你结婚的时候，其实因为现在演员结婚，场面都很大，所以就因此，也就不太注意了，但是佟大为结婚，我是因为你的一句话，我注意到了，他说，好像大致的意思，我不是最准确，就是说这是我唯一的……

佟大为：唯一的一次婚姻。

田　歌：第一次的婚姻，也是唯一的一次婚姻。我说他为什么要说这句话，是戒律吗？还是诺言。

佟大为：我觉得是向单身生活的一种告别，然后希望身边的朋友都以这个标准来监督我。

田　歌：确实是一种诺言和监督。

佟大为：对，我觉得其实婚姻就是这样的一件事情，你结婚了就是有很多事情不能做。

田　歌：大为是一个对自己还是很自律的一个人，而且是发自内心的，那你怎么看待男人的移情别恋，这种事情太正常了，不能说正常，这种事情简直是比比皆是。

佟大为：挺多，挺多的，我觉得要从夫妻缺少沟通这开始说，就是可能是两个人缺少共同的话题，两个人的话越来越少，其实是一个很危险的信号；然后我是觉得，就是我现在是这样做的，我的聚会，我的一些应酬，我都会带着我老婆一起，一起出去的时候，两个人就是在与人交流的时候，有一个取长补短，然后互相地去弥补对方有一些说得不是很到位的话，或者做得不是很到位的事情。这个过程当中，就是不要给自己过多的个人空间，个人空间是要有，我觉得我喜欢的个人空间是什么呢？我老婆认识的，知道的，很熟悉的几个，我的哥们，我要是很累的，很烦的时候，我就需要他们几个跟我在一起，我们喝喝酒，吹吹牛，这种发泄，我觉得这种空间是需要的，包括我老婆如果要是说一段时间压力很大，我也希望她去跟她的那些闺蜜在一起有这样的交流，其他的时候，就是你很多场合两个人一起去，其实效果更好，而且这个过程当中，就是两个人也会认识对方在工作状态下是什么样的，然后在方方面面的时候，两个人的状态是什么样的，然后会发现对方那种自己平时不多见的另一面，然后这另一面，其实是对自己是一种鲜艳血液的补充，对于两个人感情新鲜血液的补充。

田　歌：谈到这，我只能说，我真的很少见到，就是像你这样的男人，真的是好男人，我见到的很多人，好像他们都不愿意带自己的妻子出去，都愿意自己一个人出去，最赖，我带我女儿，带我孩子出去是最愿意的，但是带妻子出去，真的是不愿意，所以我觉得佟大为，真的是挺难得的。在家里如果发生纠结，谁来主动让步呢？

佟大为：我先让步，我觉得丈夫都应该先让步，不要让这个本来一个很小的矛盾升级，因为夫妻之间没有什么谁对谁错。

田　歌：如果要是每个家庭都是这种状态，那悲剧就很少发生了，离婚解体也会很少了，所以这样的家庭还是少数的。

佟大为：也跟我们从事这个职业有关系，我觉得我们还是应该多拍一些积极向上的，婚姻当中也好，社会上也好，他一定是有一些阴暗的那一面，阴暗的那些点，但是我们不要过多地去展现那些点，我们要展现一些真的积极向上的，毕竟还有那些生活得很好，过得很好的夫妻，然后也有很多这个什么，就是尊老爱幼的，我们应该多树立这些，这些，多塑造这样的角色，你说好莱坞拍的好多片子都是主旋律，其实主旋律不是高大全，其实是说主旋律是表现人性向善一面的这种东西的片子，我是希望多拍这种就是人性向善的这种作品，然后让观众喜欢，接受的这样。

做演员就是出卖自己的灵魂

田　歌：你当演员最担心的是什么？

佟大为：当演员最担心没好戏拍。

田　歌：没好戏拍，那有戏拍就行了，你还要好戏拍。

佟大为：得有追求啊。

田　歌：你能保证你的每部戏都很好吗？

佟大为：我不能。

田　歌：不能，那你怎么选择角色呢？

佟大为：我觉得通常情况下，肯定是有一个自己的标准，但是一定不排除你要去还人情，就是面对好朋友有求助于你的时候，你不得不去跟你的那个标准不一样，然后去接一些片子，去演一些角色，这种付出是一定要有的，而且就是我说的这样的朋友，一定是在你困难的时候帮助过你，所以这种，这样的有的时候，就是朋友之间这种帮忙都是相互的，是必须要有的，到这个时候那个标准可能就不一样了。

田　歌：我注意到，在屏幕上，你是很高产的，但是我并不知道这些戏是不是一年之内创作的，我觉得走到今天，佟大为你是为五斗米折腰的时候更多呢？还是像你刚才介绍的，为朋友去友情出演的更多，还是发自内心的创造更多呢？

佟大为：通常情况下都是，还是要拍好戏，然后我还对剧本要求挺高的，通常情况下都是这样的，真是说为了就是纯赚钱去拍的戏，有过，就是大学刚毕业的时候，什么戏来找，剧本根本就不用看，说有个戏来找，那就求之不得，不管什么戏都会上，然后位朋友去帮忙这种也有过，就是一定是真正的朋友，我会义不容辞地去帮。

田　歌：我那个问过别人，我说那个佟大为有没有跟你们说过他最喜欢哪个角色，他说他觉得最累的那个角色就是他最喜欢的，或者观众最喜欢的就是他喜欢的。

佟大为：对。

田　歌：为什么？

佟大为：我后来总结一个经验，就是这个戏拍得很坎坷，很累，很辛苦，这个戏基本上就是拍得很好的一部戏，收视率、口碑就会很好，但凡拍得很顺利，自己也很舒服的戏，可能就没有好的影响，没有那么好的效果。

【田歌谈艺录】有人说，做母亲的，最疼的不是那个最有出息的孩子，而是让她最操心费力的孩子；也有人说，两只手，人最喜欢的是那只喂自己吃饭的手。对于角色来说，演员似乎更像一个母亲吧。

←

田　歌：对于演员这个职业，你如何看？

佟大为：演员有的时候，其实干的事，有点像出卖灵魂，就是你说你演戏的时候，你要不认真吧，你演出来的东西，内行一眼就能看出来，你要认真吧，你就是真的是你投入一次，你就得纠结一次，你就得掏心掏肺一次，就是一遍一遍的，然后从事这样的一个工作。

佟大为：我认识一个研究中医养生的一个老师讲，

他说你们演员最危险，说干的这个工作特别容易抑郁。

田　歌：总是情感透支。

佟大为：对。

田　歌：可是不是正如此吗？好演员就是能够一次又一次的投入自己的情感，去塑造另外一个灵魂？

佟大为：反正我是觉得往往这样的人在生活当中就会因为他工作当中把过多的情感都放在工作当中，生活中是一个特别无趣的人。

田　歌：那你的意思是告诉我，你在演戏的时候，还常常有所保留吗？

佟大为：我演戏的时候，我也挺投入的，所以我现在就不想说拍太多重复的，或者是相似的这种戏，这种角色，就是演的会让自己又演这种戏，然后你虽然是一样的东西，但是还还是要重新地投入，重新地去掏心掏肺，这个过程当中又是挺痛苦的。

田　歌：大为，你觉得在好演员和名演员之间，究竟是一个什么距离啊？

佟大为：好演员不一定是名演员，名演员不一定是好演员。

田　歌：你是？

佟大为：我是希望自己能成为一个有名的好演员。

田　歌：我在我周边，有过不少跟你接触过的人，可能最近的就是我妹妹。

佟大为：对对，我们一起拍戏。

田　歌：然后还有就是我们组里的人，包括有一次有的时候跟你短暂的接触，有的时候可能是因为工作长时间一点的采访，我觉得我发现了一个现象，就是他们对你有口皆碑，我就在想了，这个佟大为在剧中给我们送来得角色都是挺不在乎世俗的眼光的，但是生活中，你是在在乎别人眼光的人吗？

佟大为：我生活当中，比如说跟工作的伙伴什么的，我会特别在乎别人，在乎别人的感受，就是我挺会换位思考的，我会考虑大家在一起的时候，人家的感受是什么样的，我觉得这个很重要，如果你都不知道对方的感受是什么样的，你没有这样的敏感度，你在工作，在拍戏的过程当中，根本捕捉不到那种细腻的，那种细微的那种变化，就是这个，其实说白了就是演员在现场交流是一个意思。

【田歌谈艺录】现在的青年人最大的缺憾就是不但不在乎别人的感受，而是旁若无人，尤其在公众场合，自己想怎样就怎样，从不会考虑是否会妨碍他人。在群体生活中，多考虑一下别人的感受，是一个人的起码常识吧。

←

田　歌：所到今天了，你觉得表演和你当时理解的有差距吗？

佟大为：有差距，我觉得刚刚进上戏的时候，我觉得表演就是站在舞台上，然后大声地去背台词，我那个时候不知道怎么投入，也不知道怎么跟人交流，真是后来通过一次一次的实践，然后从不懂到一知不解，然后到微懂，然后到现在这样一个过程。但是还是有自己需要学的东西，因为表演的风格和方式是会过时的，你现在看三十年代的电影，那个时候我们觉得很了不起的电影，艺术家，他们的表演其实，如果要拿到现在的话，就是不是他们老了，是我们太新了，是我们变化太快了，所以……

田　歌：就是看他们有时候表演，你会觉得太强烈。

佟大为：所以这个与时俱进还是很关键的。

田　歌：那你觉得你在看到的这些前辈的演员，和你们这一代演员相比的话，你们最幸运的是什么？

佟大为：我们赶上了一个好时候，就是我们可以通过自己喜欢这样一个职业，让家人生活得很好，就是我们赶上了这样一个时候，其实我知道现在很多老的艺术家，他们虽然，大家都很崇拜他们，然后有很多名誉，给他们很多头衔，但是他们的生活环境其实挺差的。

田　歌：那表演对你来说，是事业还是一个饭碗呢？

佟大为：都是。

田　歌：排位置的话，排位的话。

佟大为：排位，我觉得首先是饭碗，首先是自己的饭碗，我原来没有那么喜欢这个职业，但是现在越来越喜欢就是拍戏的那个环境，片场的那个气氛。就是在那个气氛当中，可能是就是让我最精力充沛的一个环境，就是我会在现场感觉，有使不完的劲，我会想很多，会调动我的积极性，现在我是觉得，它的我的事业，而且我觉得，如果要是按照我自己的设想的话，我是希望即便我将来不是专门做演员，我也希望每年或者一段时间，自己找一部自己喜欢的戏，然后去演一演，因为现在是真的喜欢。

田　歌：你觉得你算成名早吗？

佟大为：算比较早的。

田　歌：你觉得成名早，给你带来了哪些负担？

佟大为：负担，我觉得特别像这个怎么讲？骂人的话就不说了。

田　歌：矫情。

佟大为：对，挺矫情的，可能会有一些时候上的不方便，但是其实是更多的老天爷眷顾我，挺幸运的这一路走来，就是即便是有自己努力，有自己用心用功，但是老天爷也还是给我这样的机会，还有那么多人就是没有像我这么好的机会，遇到，在从大学毕业不长时间就遇到那么好的戏，那么好的角色，所以我是觉得像我就没有资格说有什么不舒服，不自在，我现在很满意，很满足。

田　歌：一直就很满足吗？

佟大为：我觉得结婚前有一段时间是有点膨胀，有一点时间，就是每个人年轻人可能都会有那么一段年少轻狂的那么一个阶段，然后觉得自己能做很多事情，自己可以做到更好，我觉得给自己定目标是好的，但是一定要找一些自己能胜任的事情，不要给自己去定一个高不及的一个目标。

田　歌：越来越现实了。

佟大为：我觉得是我了解这个幸福的含义了，就是幸福跟，就是跟物质是有关系的，但是其实幸福更多的是靠我们自身的这种调节，我从2009年初开始关注养生，然后就是突然有一天，我觉得面包很好吃，我原来觉得面包特别难吃，我特别不理解为什么那么多人去排队买面包，就是没有味道的那种面包，完全是什么麦香，什么那种纯味的也不甜，也不像蛋糕，但是我突然有一天我吃出来这个面包的麦香，我就是愿意去咀嚼它，品尝它，然后我突然有一天，我喜欢吃米饭了，就是吃出来米饭的香味，我吃到肉香了，我说这个话，我觉得大家应该好好想一想，因为现在很多人吃饭就把它当成一个摄取能量的一个过程，而忽略了，其实吃的过程，我们是在享受，我们忽略了去品尝它的味道。

田　歌：享受生活。

佟大为：对，就是说很多风景，我们没注意观察它，过去就过去了。

田　歌：是，越来越返璞归真，越来越留心身边发生的一切。可是有的时候，这个当然你会觉得你的生活，你的内心越来越丰满了，越来越敏感了，但是有的时候，会不会觉得我有点老了！

佟大为：谁都会老，然后我觉得老了，就是谁都会有那一天，但是随着年龄的增长，可能我们懂得更多了，内心更强大了，虽然随着岁月，自己长大，会有一些皱纹，然后身体不如以前好，但是我们的内心是比以前更加强大了。

田　歌：你现在这么关心养生，是为了抵抗皱纹？

佟大为：没有，我是觉得应该首先就是自己能找到一种最好的这种生活的状态，然后我希望我自己在找到了这样好的生活状态的同时，我也希望影响身边的人跟我一起有这样好的生活状态。

姚笛

喜欢『透明色』的倔强女孩

田歌印象

初见姚笛，她长发披肩一身黑与白的搭配，清爽利落。本以为江浙女孩应该是性子柔弱的，可随着谈话的深入，她骨子里的倔强便逐渐冒了出来，心直口快、率真坚强的她给我和现场观众留下深刻的印象。

姚笛是坦率的，她不畏惧旁人的眼光，毫不掩饰地表示只为自己活。对她而言，自己活得快乐显然比活在别人的眼光中要重要得多。短短不到两个小时的录制时间并不能让我们更多地了解姚笛，所以我们用了一种相对快捷的办法，试图用四种颜色来解读姚笛，黑色、白色、粉色、红色，之前以“红楼四钗”的身份参加节目录制时，姚笛形容自己是透明色的，而这次她依旧形容自己是透明色，不加修饰干净透明的颜色，简单即是美。

这就是姚笛，一个非常有韧劲和轴劲的倔强姑娘，希望她一直能在自己的梦里演自己喜欢的角色，永远快乐！

我要裸婚也裸不成

田歌：姚笛已经是第二次来光荣绽放了，我真的特别替你高兴，才一年的时间，那次访谈是一溜人，今天我就和她一个人聊天了，可以看见姚笛的进步。今天在现场的观众我也注意到了，特别的时尚靓丽，我听说这些人都是你的铁杆粉丝。

姚笛：都很小，好像看上去。

田歌：可能他们的很多思想观念、价值观都和你很相近，你的这部电视剧《裸婚时代》之所以能够引起大家的关注，就是因为它和生活很贴近。知道我要采访你，有一个年轻的男观众，他说你问一下姚笛，这部电视剧提倡的是裸婚挺好的，但是为什么主人公，在剧中用的生活用品全是奢侈品啊？

姚笛：其实当时道具什么的给我提供的这些东西，我是第一个质疑的，因为拿到我的手上的时候，我说这个不行太贵了，然后他们可以说，你看如果按照你的收入三千多块钱一个月吧，刘易阳六千多块钱一个月吧，你们攒几个月一年的，偶尔买一个奢侈品也是可以的，这么一说吧也还能想得过去。

田歌：开始你也是有质疑的？

姚笛：我有质疑的。

田歌：那你觉得这个是一个广告的植入啊，还是一个创作上的疏忽还是……

姚笛：这个不是植入，因为像我身边也有很多是拿工资的，他们其实也会偶尔买那么一个两个的，他们并不是一直在换奢侈品。你看她整部戏那么长时间了，她也就这些东西。

→

田歌：裸婚裸婚嘛，就是针对这个时代谈的，在这个物质的时代，人们认为这一代的年轻人都是非常物质的，裸婚的话就是敢于摈弃物质，纯粹地追求精神追求爱情。

姚笛：对，是。

田歌：你觉得为什么这部戏能够那么受大家欢迎？

姚笛：首先这部戏可能你看生活中的群体也是这样，因为我是当时看剧本的时候我看了前五集我就马上给我经纪人打电话，我说这个写的好像跟我很类似，我说我要演，然后我经纪人说那好吧，那我们后面就接这个。因为它真的是打动我了，然后跟我很接近，我觉得可能打动我的，所以大家可能也会被打动吧。

田歌：你会裸婚吗？

姚笛：说实话，我要裸婚也裸不成，因为可能说我不是拿工资的，所以我说我会裸婚，大家会说你吹牛，因为你有房有车，你站着说话不腰疼。其实我不是很在意说这方面有还是没有，因为有的话更好，没有但是我

【田歌谈艺录】有房子、有车又有钱的提倡裸婚，什么都没有的要物质一点，都很正常。电视剧中拍的裸婚的两个人去用奢侈品，其实还好，不属于穿帮漏底。因为生活中的奢不奢侈，本来也不在是不是裸婚呀。

们有爱情，这个很多东西，都可以慢慢地去努力可以得到的，但是唯独情感是不可以的。

田歌：你的意思是说经过努力，物质比爱情要容易得到的多？

姚笛：当然，我觉得物质的话，当然首先两个人不能饿死，就是正常。如果是两个很努力的人不是那么懒惰的，说天天在家里，大眼瞪小眼地这样过一辈子，我觉得生活只会越来越好。也许我们现在一无所有，但是最差不也就是这样了吗，还能差成什么样啊，是吧。那明天肯定比今天好，你不可能是经过努力明天比今天差了，还能怎么着啊。

【田歌谈艺录】把物质当成婚姻的条件那是对爱情的亵渎，但爱你惊天动地，却连温饱也解决不了，生个孩子也没钱给他接受好的教育，这肯定也是不行的。所以，在爱情的基础上，还是得赚钱，但别贪财爱财，去爱你爱的人，别让你爱的人陪着你受苦就行了。

←

田歌：昨天我们在讨论这个剧本的时候也在想，姚笛就是说她愿意裸婚，大家也不会相信的。因为她已经不可能裸婚了，因为她已经很富有了，因为她身边的人也都是富有的人。

姚笛：也不是，你看我为什么知道就是那样的一种生活状态是什么样的，其实我身边大部分人是那样的。

田歌：哪样的？

姚笛：就是拿工资的，对，一个月几千块钱，反正在北京消费的话基本上是属于不可能有存款的，还得省着点花，所以我特别了解他们的生活。

田歌：那你身边你所见过的最贫困的人到什么样的地步？

姚笛：就是吃了上顿没下顿。他会有自己心仪的对象，但是他会控制自己说，我谈恋爱需要花钱我不谈了。因为男孩有责任心，他会觉得我连自己都养不好，我怎么来去让你幸福，那我爱你我就要让你幸福。我觉得他出发点是好的。

田歌：就是说在这个时代，在婚姻面前，年轻的男孩压力更大。

姚笛：我觉得可能就是传统的观念对中国可能所有的人多多少少会有一些影响，觉得男人应该承担一个家的力量，所有的担子应该压到男人的身上。但是其实我不是很崇尚，其实两个人共同创业，然后一点点的为家里添砖加瓦。今天说我们这两个月挣挣挣，然后省下来一点钱换一个大一点的彩电，然后隔了多少年以后我们又把那个房子从三十多平方米变成了五十多平方米，我觉得太美了。

田歌：我想这个话题干脆咱们放到咱们现场所有的人中间来。

姚笛：我觉得今天能到这儿的人，估计思维都是跟我比较类似的，都是爱情至上，要不然不会来。

田歌：那我问一个女朋友吧。这位女士，我问你，你愿意裸婚吗？

观众：我愿意裸婚。

田歌：在你的概念中，到什么程度是裸婚啊？

观众：只要两个人能挣钱，能够吃饭，房子车都不是问题。

田歌：如果他没有车没房子，对他这个人有要求吗？

观众：只要他努力一切都会有的，他必须是个努力的人。

田歌：如果你爱上的这个男人，能够给你提供房子车子或者是更多的物质条件，但是这一切都来自于他的家庭，你就不要他了是吗？

观众：这个也容得下，但是主要是看两个人之间有没有感情吧，感情放第一，然后物质放第二嘛。

田歌：那有两个人你都有感情，但是有个选择，这个人很有能力很有感情对你也很热烈，但是他就是没房没车，也没有富裕的家庭背景；而另一个人对你也很好，可是他有房有车，但这一切条件都来自于他父母的提供，你选择谁呢？

观众：看谁努力吧。如果条件好的那个他觉得自己有条件，所以他并不努力并不上进的话，这个人之后的路也不好走。

田歌：所以你更看重的是他个人的能力。

观众：对。

田歌：今天现场的观众好像都是爱情至上的，但是生活也多数是无情的，其实我们现场有抱着孩子的年轻夫妇，你想想你们是很相爱，但是如果你们给孩子连买奶粉的钱都没有，你说怎么相爱下去，就像剧中我们的童佳倩，原来是一个可爱的女孩后来因为生活所迫，变得唠唠叨叨的有些怨气的一个少妇了。所以说这个裸婚要裸到什么地步，还是有个要求的？

姚笛：就是我觉得不管有钱没钱，两个人在一起时间长了都会有问题的。因为可能有时候人走久了之后，可能他就忘了当初在一起的时候是为什么要在一起。所以这是我觉得现在很多的家庭也好、情侣也好，应该一直要提醒自己的一件事儿。要看你的心态，你不要说我们没有钱我们不幸福，这是不幸福的一部分，但是它不是全部，你要去找好你的角度。

田歌：我觉得姚笛的这个提醒还是对的，有的时候走进婚姻以后忘了当初为什么走到一起的。

姚笛：对，就算说我现在很有钱，那比如说我们现在没有钱，然后奋斗奋斗有钱了，我找一个人我特爱他，那哪天我没钱了，我一无所有了呢？那那个人如果是因为这样爱上我的话，那他是不是得娶别人呀，那这个人我觉得，你要他有意思吗？

田歌：这样的想法当然是很好，但是我们看到现实的生活是多么的无情，多少婚姻的解体都是因为无情的现实让他们解体了。而且当时两个人走在一起的观念和生活一段时间以后，这观念也会产生变化和冲突的。我想问问在你的生活中或在你的身边，你有没有见到或者是看到真的有人不是为了爱情走进婚姻的？

姚笛：有啊。

田歌：他们多半是为了什么呢？

姚笛：物质啊，因为有些人你看她也挺美的，就是每天挎着爱马仕，开着宾利也挺美的。但是这是我们看到的，你觉得她在家里每天吃饭睡觉她要面对一个自己不爱的人有多痛苦吗？我接受不了。其实人有两种：一种是为自己而活，一种是为别人而活。

田歌：你是哪种呢？

姚笛：我是为自己而活，就是自己快不快乐只有自己知道。所以如果你是寻求一些给别人看的东西而扔掉了自己，说我一个人快不快乐无所谓，让别人觉得我快乐就行了，那你就选择那种；如果你觉得别人觉得我快不快乐无所谓，我快乐就行了，那就选择这种。最终看你，你选择哪种都可以。

我的观点永远和别人不一样

田歌：作为主持人，最高兴的就是能够碰到一个真实的嘉宾。我上次采访姚笛的时候我就感觉到了，我觉得上次我问你们最喜欢什么颜色，姚笛说她自己是个透明色，我不知道过了一年，你这个加颜色了吗？

姚笛：其实这透明色呀，不是说自己有多干净，是说自己什么都不是，其实就这样，反正我就这样，我就摆在这儿，反正我该什么样我自己知道，我问心无愧很多事情，所以无所谓，别人怎么说我别人怎么看我不重要，但是我自己活得特别坦荡特别开心，够了！

田歌：她说她是一个透明色，但是作为我两次听她谈话，我就会觉得姚笛真的很坦荡、很率真、很自如，当然也有些任性，可是这样的性格，在这个社会上有的时候特别容易被人伤害，因为你几乎没有任何防御。

姚笛：其实我从来不觉得伤害是一种不好的事情，我其实会享受人生赋予我的每一种色彩，开心也好不开心也好，伤害也好，这样我的生活才有意思，每天都乐得都不行了，那也就不叫乐了。所以这都是上天赋予你的，你必须经历过挫折，经历过伤害，你才知道什么是快乐，人生也变得有意思，要不然来干吗，就乐了一辈子完了走了，有意思吗？

田歌：尤其是当演员的，有些经历，有些被伤害的经历还是挺可贵的。

姚笛：对，自己真挚地去付出就好了。我真挚的对每一个人，然后至于他们反馈给我的是什么，那是他们的事情。

田歌：可是人们总是希望我真挚地对你，也能换来你真挚地对我。你觉得能够换来吗？

姚笛：当时每个人的出发点，当然是希望这样的，就是说我给你一个苹果，你给

姚笛在谈话节目现场

我一桃；我给你一橘子，你再还我一根香蕉，就是希望这样有来有往的。但是有一天你说，我给你一苹果，你的桃呢？很多人说就较劲说，你为什么不还我一桃啊，但是凭什么人家要还你啊，这是他的事儿啊。所以既然你付出那苹果是快乐的，那你就不要计较别人给不给你桃，你可以不给他苹果呀。

田歌：听着姚笛的话感觉她好像是已经很沧海桑田了，不知道你是一开始就有这样的心态，还是经过历练有了这样的心态？

姚笛：我可能是我小时候比较孤僻，就不爱说话，然后每天我最爱干的事情就是坐在马路边，然后往那一坐一天，看人。我就特别好玩儿，比如这对夫妻走过来，他们带着什么情绪，我在想他们之前的故事和之后会发生什么故事。因为我不爱说话，所以我就特别陶醉于去看大家的那种生活。我从小老看着琼瑶小说长大的，所以就可能爱做梦吧，就导致我现在有时候思维会有点脱离现实，但是我是挺享受我这种东西的。

田歌：你身边的人觉得你脱离现实吗？

姚笛：对，就每次大家在安慰一个人的时候，就一个人出现一些状况，情感上的状况的时候，每一次我永远跟别人不同的鼓励方法的。就是他们都是一样的，然后我是一个人，就是很单薄的力量。

田歌：就是你的观点永远和别人不一样。

姚笛：对，他们说经常说姚笛你怎么在情感上永远停留在初中阶段呀，就这么不现实。

田歌：姚笛这样的人不多，但是确实有，她确实与众不同，她的想法一直停留在她认为最美好的那个状态里，执迷不悟且自我很陶醉。其实我觉得这也没什么，只要你走到未来你也不后悔。

姚笛：对呀，自己的快乐自己知道，我挺美的。

田歌：你看这几种颜色，我们经常形容女人，她简直就是一个白色的女人，说明她比较纯粹；她简直就是一个粉红色的女人，表示她很美像个公主；她简直就是一个紫色的女人，说明她很有魅力；我们这三种形容我们都愿意接受，可是我们一般都不愿意接受她简直就是一个黑色的女人。

姚笛：也挺好的呀，黑色挺高贵的，挺女人的。

田歌：你看这就是姚笛。

姚笛：没有好与坏之分的，只有你喜不喜欢。

田歌：但是人们总不愿意这么去说自己的命运，通常人们要说我这段时间的命运简直就是黑色，什么黑色星期几，那一定是表示最近很倒霉。你这短暂的生命中，有黑色的时候吗？

姚笛：其实回忆里边吧，因为有时候当你经历一件事情的时候，你会觉得这件事情就不行了，我就已经崩溃了我活不下去了。但是当你回忆的时候，你就会像看故事一样，好像这个故事发生过，但是又似乎是发生在别人身上的，那个时候你会觉得今天的我可能就是……要感谢那个黑色的时间段，它对我来说是挺可贵的，要不然没有今天的我。

田歌：白色是你最喜欢的颜色吗？

姚笛：对，我生活中比较喜欢白色。因为它没有加上任何颜色，所以它的可塑性是最强的，它跟哪种颜色都很好搭。

田歌：喜欢白色，喜欢简单。可能这个姚笛是渴望更加单纯的生活。

姚笛：我比较喜欢随意，因为我说任何一种颜色，大家都会提出质疑，说你不是这个你是那个，所以我比较喜欢最最简单的东西。

田歌：我不知道姚笛你小的时候，我认为大部分女孩儿小的时候全部喜欢粉红色，你有过这时候吗？

姚笛：有啊，就是我妈给我买了一裙子，是黄色的我哭了一晚上，因为那时我喜欢红色，我觉得红色就给人感觉很漂亮，就是小姑娘她觉得穿一红色的裙子，粉粉的红红的去学校很有面子。

田歌：如果现在让时光倒流，你觉得你什么时候的生活是粉红的？

姚笛：其实生活的话，就是我现在还陶醉在那个公主的梦里

田歌：就是你的内心还是粉红色的。

姚笛：对，说出来有点丢人都那么大了。

田歌：不丢人挺可贵的，不是每个人都能做到的。

姚笛：可能再大的人都会有公主梦吧，女孩儿都会有，我相信刚才来的几位阿姨都会有。

田歌：其实如果现在用红色来形容你的事业你觉得准确吗？

姚笛：不准，没有，只是说有一部分人他比较喜欢这个戏而已。这个我其实也感觉不到，因为我老在拍戏，每天逛街都没时间。我只知道我微博的留言比以前多了。

《红楼梦》我三次调换角色

田歌：我是因为采访过两次姚笛，我对她有比较真切的近距离的了解，但如果我没有这样的经历，我从媒体上看到的大部分对姚笛的消息应该说都是些负

面的偏多，你觉得这是为什么？

姚笛：可能大家看到的姚笛比较顺吧，因为很正常，就是当你看到一个东西你永远只看到表面，因为姚笛有多难、有多苦的时候没有人会知道，这个可能媒体不感兴趣，但是当你辉煌的时候，他只报你那个点，然后他把你中间的过程没给你报出来。所以大家会想你凭什么从这蹦到了这儿啊，其实你是一步一步很艰难的，有时候还被打下去一次，摔得很狠，继续往上走，走到了那一点，但是中间那段被省略了。所以大家说不可能跨那么大一步，这个中间就成了一个悬疑，就成了种种的负面新闻，很正常。任何人这样都会，我觉得我挺幸运的，因为不管怎么样，中间经历多少的磨难也好，不容易也好，但是我比同样跟我一样努力的，抱有梦想的人要幸运一些，至少你看我得到了这么多。

→

田歌：我理解她的意思就是说，其实整个的过程很多人都不关注，确实是这样的。幸运的是她有这么多喜欢她的粉丝默默的在她的过程当中就开始跟随她，追随她，了解她，陪伴她。

姚笛：对，我敢说如果没有我的粉丝，就没有姚笛

【田歌谈艺录】现在的媒体或是网站喜欢断章取义，靠标题党吸引读者，这是不好的现象。当然演艺界中的人也该有一点“爱名”的意识，别弄那些不干净、不光明的事，否则弄到洪洞县里没好人的份儿，就是好人最终也跳到黄河洗不清了。

的今天。因为无数次中途我是想放弃的，虽然我很坚强，但是我毕竟是个女孩儿，在家里没受过什么委屈，我并没有大家想象的那么刀枪不入，所以当最早有一系列的压力的时候，包括出演《红楼梦》的那一段……

田歌：引起质疑最大的可能就是你在出演《红楼梦》那段时间，人们认为你能够三次调换角色都没被换掉。

姚笛：对，我三次调换角色，我想说的是《红楼梦》从比赛一直到拍完四年多，我只干了这一件事情。如果要说姚笛有后台的话，我为什么要陪大家练那么久，我也不傻，我直接最后进组就好了。我想演王熙凤，我到那个时候，开机的时候，我进组就好了嘛，我干吗要被你们骂来骂去，骂那么久啊，还耽误我那么长时间，我是不是脑子有问题。

田歌：我们大家给姚笛鼓鼓掌吧。好在这一切都过去了，她挺过来了。

姚笛：所以我特别感激我的粉丝，因为中间对于我来说我所有承受的这一切，我没有办法释压，因为我不喜欢把我难过的东西去告诉我身边的人，就是他们看到的我永远都是那么快乐。

田歌：就是你痛苦的时候都是独自舔伤的。

姚笛：因为首先他们帮不了我，他们顶多是开导你一下而已，也分担不了这一切压力，只能会让他们担心。父母离得那么远，如果每天睡不着觉说，我女儿今天没事儿吧，她今天没哭吧。然后我身边的朋友说，姚笛今天不会又没吃饭吧……没必要，我自己可以的。所有的自己的问题，最终还是得靠自己来解决，所以我释压的办法，就是去网上看一下我的贴吧，那时候还没有那个微博，所以我特别感激当时的那几个孩子，没有他们真的姚笛会放弃的，但是我扛过来了，所以人的潜能真的很大。

田歌：所以我在想做一个演员不容易呀，做一个年轻美貌的女演员更不容易，做一个年轻美貌又有一些个性的女演员，就更更更不容易了。

姚笛：所以我觉得只要你有梦想，只要你不懒惰，只要你有韧劲，没有什么不可以实现的，谁也不比谁差多少真的。

姚笛算不算一线演员？

田歌：刚才姚笛说到贴吧了，我也想到我去你的贴吧逛过，我发现了就是你的迷、你的粉丝在讨论这么一个问题，就是姚笛算不算一线演员？

姚笛：真不算，这个差的很远。

田歌：你觉得这个影视表演分这些一线二线吗，三线四线吗？

姚笛：大家可能是从那个曝光度还有片酬来分的吧，就是你的出镜率，然后你的奖项，还有你的片酬。

田歌：你希望自己是个一线演员吗？

姚笛：这对我来说一点概念都没有，因为演员对于我来说是我小时候的一个梦，所以我现在在圆我幼儿园时候的那个梦，我一不一线没在我梦里，所以我只要有不停的能够说这个角色不错，我要演这个，然后这个我演的时候我特美，够了。

田歌：就是不停的生活在自己的梦里就行了。

姚笛：对，因为一不一线说实话跟我也没关系，因为我现在我也不愁吃不愁喝，我也不会说买不起什么东西，所以我对钱的概念是够花就行，当你够用的时候，就是它真的是一个数字，我不是很在意那个数字。

田歌：虽然你生活在自己的梦里，但是你的职业你的创作就是一个演员的工作。

姚笛：对，因为我觉得挺好的，因为至少我现在在圆我自己的这个梦，然后能够得到有一拨人的喜欢，这就够了。

田歌：你觉得一个演员在创作当中最忌讳的是什么？

姚笛：创作的时候啊，我是属于那种，经常有摄影师对我抱怨说，姚笛你就不知道找找角度吗，因为我演戏的时候，大家也看出来，有时候就特别糟糕，就哭的乱七八糟，咧吧了，然后就头发无所谓，所以我在表演当中是会让自己最没有负担的，然后让自己能够在里边生活的，一个最舒服的状态，可能最好的。

田歌：所以说你的意思是说创作中最忌讳的是不投入、不真实、有杂念。

姚笛：对，因为只有你自己没有杂念了，观众才会没有杂念，观众也不傻呀。

田歌：听了姚笛的向我们去说她的那些经历，我们可能都感受到当一个演员是非常被动的，尤其是在初期。当然后来你可能成熟了，有名气了以后你会主动。我们通常觉得当演员太被动了，但是我在姚笛的微博上看见她说当一个演员是非常神圣的，所以我还想分享一下神圣在什么地方？

姚笛：其实每个职业都是神圣的，因为它承载着你的梦想，有一个东西能够跟你的梦想挂钩，我觉得它都是神圣的，它不因为很多外界的因素而偏离。曾经好像就是在光荣绽放说过，说如果哪一天我觉得你剥夺了我的梦想跟我想的东西，就是完全的背道而驰了，那你把我的梦给扼杀了，那我宁可放弃不要活了。

田歌：对，上次，上次姚笛说这句话的时候，我印象是含着眼泪说的。现在比以前还坚强，今天的眼神虽然没有眼泪，但是依然是坚强而又倔强的，当然也是明亮的。

姚笛：对，因为每个东西其实有时候我们从起点到终点有不同的路的，它不是只有一条，你可以这样走，也可以那样走，也许我走的那个圈很大，但是谁说我就不能到这了，谁说这样走你就特美，我花五十年的时间，我花十年的时间，你花俩月走到了，你就比我美吗，不见得。

田歌：但是有两条道一条道是直的，一条道要经历各种崎岖才能到这个终点，你选择哪个？

姚笛：只要你的目标永远不变，只要你那个出发点跟你的目标永远保持一致，不可能走不到的。

贾乃亮

八零后偶像的成长日记

田歌印象

电视剧《离婚前规则》的热播，让我们认识了一位名叫“大明”的好青年，他为爱痴狂，为家奋斗，在婚姻和生活里，为八零后的年轻人传递着无所不能的正能量。

人生如戏，现实中的“大明”名叫贾乃亮，在过去的2012年里，他完成了人生的三级跳，为人夫，为人父，又在荧屏中占据正当红的位置。

此次贾乃亮在节目中的话语和表现，算是越聊越无遮掩，提起抱孩子、看孩子的种种话题，这位年轻的爸爸脸上更是乐开了花。在节目中，他也第一次面向妻子李小璐袒露心声。究竟他说了些什么，请看下面的访谈。

十五岁退学只为演员梦

田　歌：小时候成长的烦恼是什么？

贾乃亮：我的烦恼就是希望自己快快长大，然后呢，别人的烦恼可能是希望每天上学上的太多了，然后每天玩的时间太少了，我小时候就比较多愁善感，就是有点每天担心的事太多了。然后我希望自己能够成为一名演员。可能别人的梦想就是我想成为一名，我想成为一个企业家，我想成为一名医生，我想成为一名科学家，我觉得通过我们的努力都可以实现，但演员呢，他不是谁都能当得了的，那个时候只是特别向往，说是想当一个演员。但是知道这个梦想是有点遥不可及的。我现在觉得就是年轻的时光是我们唯一有权力去编织自己梦想的时候，所以，我就觉得现在能够当一名演员，我真的觉得挺万幸的。

田　歌：那个时候就想当演员？

贾乃亮：就想当演员。

田　歌：难吗？

贾乃亮：难，特别难。

田　歌：家里人同意吗？

贾乃亮：同意。真的，虽然说家里，我之前说家里对我望子成龙，然后对我要求也特别严厉，但是我上了中学之后，初一初二的时候，因为我最好的同学天天跟我在一起玩到大的同学，有一天突然不见了，今天没上课。我给他打电话呢，他说他去考艺术学校了，突然间就点燃了我对艺术的那种向往和追求，我终于找到一条光明之路该往哪发力了这种。然后呢，我就逃课，也就跑到考试现场跟他一起考试，当时他考上了，我没考上，我还哭了一鼻子，我妈说，你怎么了，老师还说你没上课。

田　歌：在哪考？考什么呀？

贾乃亮：当时上那个艺术学校到我们哈尔滨来招生，我妈说，你就那么喜欢这个行业吗？我说喜欢我说特别喜欢。我就要当明星，我要当演员，然后所有什么四大天王，所有我喜欢的，像什么这些演员，我全都贴墙上，然后撕下来的时候，随着不粘胶，那个墙纸也下来了，然后我妈就是受了我的熏陶吧，说你既然这么喜欢这个行业，以后是好是坏随你自己，但是我妈一直都相信我的人品，就觉得说，不管你大什么样的环境，她相信自己的孩子不会学坏，因此我15岁就到北京了。就这样，怀揣着一颗对艺术的执着和梦想，三天之内就退学了。

田　歌：自己？

贾乃亮：我们老师很不理解，对我爸妈说你这个家长简直太不负责任了，说这是我见过你，最不着调的家长。

田　歌：太纵容你了。

贾乃亮：就那一刻起，当时听着老师对我说的那番话，我就告诉自己，一定要成功，不能失败，哪怕自己撞得头破血流，我也一定要混出个样来，15岁那年进到了北京，然后呢，自己上了两年多的艺校，然后17岁考得电影学院，我当时，我在电视里看到电影学院的大门的时候，我手都发抖，我觉得这是一个通往艺术的殿堂，就是觉得太神圣了。

田　歌：太向往了。

贾乃亮：太向往了，你说我还有什么勇气去考，我突然间，后来我就问，我就告诉自己，我说失去金钱是小事，失去名誉是大事，但是失去勇气，你就失去了一切，什么都没有了。

田　歌：你自己15岁那年退学就走了？

贾乃亮：15岁退学，家里很多人都反对，包括身边很多的声音就觉得这个父母简直是太，胆子太大了，本来学习抓一抓可以上来的，如果你现在这么走了，可能前功尽弃了，之前所有的学习所有的努力所有的什么作文班，英语班全白费了。但是呢，我走的时候我妈哭了两年，就眼袋都哭出来了。我每次见我妈都觉得变了一个样子，还真不是希望我说出人头地，就希望我能够在北京一个人能够过得好一点，我呢，就咬着牙，就这样就全挺过来了。第一次在北京给自己过生日的时候，发着高烧，就自己蒙着被子，就觉得自己太可怜了，太孤单了，就觉得以前都是在父母身边，然后在那个身边的好多朋友为我过生日，但突然间那一个生日的时候，就是我一个人，我也没好意思告诉别人。就自己给自己买了一个像那个那种妙夫吧，蛋糕，自己差插了个小蜡烛。

田　歌：自己疼爱了自己。

贾乃亮：给自己过了一个生日，然后我就一直就告诉自己，一定要成功，不管怎么样混出个样来。其实我觉得大家都是当遇到困难的时候，不要给自己找理由，困难一定是你成长过程当中，必须要面对的这样一个难题，但是你解开了，前面就是一片光明，你要解不开的话，就可能未来的路还是很坎坷的。

我的成长有靠过父母

田　歌：其实听了你成长的这个故事，我觉得80后的童年跟我们小时候也没有什么区别，也是有欢乐有苦恼，但是唯一的不同好像就是接触的事物等多一点，然后可能家长是宠爱，但是也更加尊重孩子一些。

贾乃亮：那个时候家长挺严厉的，不像现在，宠爱孩子的。

田　歌：你是一个奉子成婚的年轻的爸爸，我们先说80后吧，其实就前不久，原来你的戏呢，我看得并不多，我实事求是的说，但是这次这个《离婚潜规则》我是特别认真地看了，因为正是表现你们这80后这一代的，三个不同的这个80后。

贾乃亮：没错，没错。

田　歌：很有代表性，你演的那个应该说是有，应该说是。

贾乃亮：代表了大部分。

田　歌：对，比较正的一个形象，对情感比较负责，对自己也比较负责。

贾乃亮：对，没错。

田　歌：我总觉得就一个演员他演一个什么样的角色实际上不不管他演技有多高，多多少少都能从他的表演中看出他内心的东西。就是这几个东西究竟是演出来的，还是来自于他内心的流露。我觉得那个角色真的跟你还是挺靠近的，就是说我可以觉得贾乃亮就是这么一个比较好的男孩。但是更多的人都会觉得80后呢，是自私的，是不负责任的，是物质的，是善表现的，高调的。当然了，更不好的，还是有一些啃老族，当然了，他们的父母也很愿意被他啃了，我不知道你有没有被别人误会过。

贾乃亮：说我是啃老族吗？

贾乃亮在谈话节目现场

田　歌：不知道，反正是80后的这些特质。

贾乃亮：会有，有些人会觉得有一些声音会觉得我们80后没有担当，然后呢，甚至会觉得说我们可能面对爱情，面对感情面对事业都没有像老一辈那么负责任，但是我觉得其实80后还有很多的表率，很多的榜样。我们呢，要看到80后好的一面对不对，觉得自己身为80后呢，我觉得我们承载着很多的使命在里面，因为我们这一代其实是影响着我们中国的发展的，而且这一代的人呢，介于老一带和下一代中间的这一部分，挺难的，有的人说80是拼爹的，拼爹的年代。

【田歌谈艺录】“啃老”、“拼爹”并不是什么坏事，至少说明我们的上一代有的可啃，有的可拼，这是一种社会的进步。如果这个社会是啃子、拼子了，那就完了。对青年一代其实没必要过多忧心，到了懂事能自立的时候，他们自然有一种自觉的回归。这不是我们的主观预期，而是一种以往历史的证明。

←

田　歌：对。

贾乃亮：说谁家有钱，谁就怎么样。其实我觉得不然，大部分的人通过自己的努力还是打拼了自己的一片天地。

田　歌：你出生在一个什么样的家庭，你的成长过程有没有靠过父母？

贾乃亮：我成长的过程当中，我真的靠过父母，截止于我上大学之前，上大学我父母给我承担了第一年的学费，第二年我就靠自己的努力，所有的零花钱，包括所有的很多的生活零用钱，都是自己承担的学费都是自己承担的，哪怕自己可能不赚钱，也不可能伸手要一分钱，因为觉得父母为你做的太多了。

田　歌：你通过什么渠道自己承担的？

贾乃亮：拍广告，然后拍电视剧，因为我知道自己不能，我希望自己能够自强起来，因为作为一个年轻人来讲的话，你应该给自己狠一点，如果你真的去逼迫自己一把，你真的不知道自己有多优秀，当别人还沉迷于像影视圈的歌舞升平的时候，可能沉迷于像酒吧这夜场玩啊什么的还唱卡拉OK呢，那个时候我自己就，我花两百块钱照了一套艺术照。其实已经非常拙劣了，那个照片不好看，我自己传到网上，自己用自己花钱买的电脑，我修了好几个晚上，我是自己把自己的照片PS了一下，就希望能够稍微……

田　歌：就想让知道你的人更多一点。

贾乃亮：对，专业一点，然后洗出来之后，就每天背着小书报去跑剧组，去跑广告公司，希望你能够给我一个机会。

田　歌：推荐自己。

贾乃亮：推荐自己。这些可能我同学觉得说，大家都会觉得可能电影学院就进入了一个成功的大门，其实真正进了电影学院的时候才需要靠自己的努力，去赢得一些东西。

田　歌：你说了你们这一代是拼爹的时代，你没有拼过吗？

贾乃亮：没有。

田　歌：为什么不拼呢？拼爹好像并不耻辱吧？

贾乃亮：拼爹不耻辱，那但是对于我来说，值得让我自信和骄傲的，是我今天得到的一切是通过我自己的努力。当然了，我们也不反对说，家里有条件给孩子这些东西，但是当你说起来的时候，你可能自己都没有底气，说我的车，我的房，我爸买的，我家买的，我自己的第一台车，本田CR-V，我自己挣钱买的，我自己买的房子的首付，我自己挣的，我吃了很多的苦，我在大冬天我可能是一直在外面拍连续拍几十个小时，我攒下钱来，我自己买我自己喜欢的东西，我给父母买了很多营养品，给父母买的，平生最贵的一件衣服，羽绒服，我妈妈穿的最贵的羽绒服，我很骄傲。

田　歌：就刚才你回答我的时候就想起来，在日本就所有的这个富二代的孩子是特别怕人家知道自己是，就是自己的爸爸是可以依靠的，因为如果是这样的话，单位会不信任你，然后女朋友也不愿意嫁给你这样的人，因为觉得你是靠着父母成长的，所以所有的富二代都会抛弃自己的背景，自己出去闯一个世界之后再回来。所以我觉得你跟他们有点像，但是我不知道你们家里人是不是也是商人吗？也是什么。

贾乃亮：我家里的背景就别提了，就别说了，就家里还行，挺好的。

田　歌：一直不爱说是吧。

贾乃亮：不太喜欢提家里的，对。然后我就是想要一个面子，要自强，要觉得说身边的朋友亲戚，因为都不会让他们觉得说我是通过家里才成功，其实是我一步一步自己走出来的。

田　歌：可是在媒体的报道上有没有对你的误解呢？

贾乃亮：有啊，说我是什么，对。

田　歌：那怎么办呢？

贾乃亮：我家里条件好吗？

田　歌：家里条件好。

贾乃亮：我觉得没什么可以说的，也没有什么说的负面影响对吧。但是我其实家里像大家说的那么传奇或者怎么样的，但是不管怎么样就是节目就不谈了，就是说我一个成长的历程就是说，不会是因为觉得说，有一天我撞到头破血流了，我可以还回到自己一个比较生活条件好的家里，我出来我就从来没有想过要靠家里，有的人就会觉得说，你可能站着说话不腰疼，有一天你可能在大街上要饭了。家里还是你一个温暖的港湾对不对，你回家可以继承家里的产业什么的。真的不是，当我真走出来了，我就没想过要跟家里有任何的瓜葛，反倒现在觉得，家里人觉得他们最大的骄傲不是他们的事业，而是我。现在我妈我爸出去的时候，也是名人了。

田　歌：我儿子是谁谁谁。

贾乃亮：开玩笑。

田　歌：他们是谁谁谁的爸爸妈妈。

贾乃亮：他们挺低调的，从来不去也很少去说，然后包括我爸爸很有意思就是，有一次，我过年回家，我爸爸喝得多了一点，但是能感觉出很多年我没有见过他喝那么多酒。儿子呢，我说干吗呀，高兴啊，我说你高兴什么呀。他说我今天同学聚会，谈起来，突然说到贾乃亮了，我就没说话，他们说，你看同样姓贾，说你看，老贾你儿子要是像贾乃亮的话多好呀。我爸很低调，从来不去说家里，但是就实在憋不住了，我爸说，对就是，其实我爸身边最好的朋友是知道的，就说真的是。

田　歌：小的时候父母是孩子的依靠，其实长大了，孩子就应该是父母的骄傲和依靠。

贾乃亮：真的是，真的是。

田　歌：我刚才跟你的谈话过程当中，我就发现你好像是那种，我说你少年老成，当然不一定准确，可是我觉得你常常好有励志，你常常会给自己立个志。特有主意，主意还特正。

贾乃亮：我对自己一是要求非常严格，然后呢，给自己也确实有很多的座右铭，反正呢，但是我觉得还是要靠自己的努力，自强才是硬道理。

田　歌：自强才是硬道理，怎么这么像人民日报上的一句话，太正了这句话。是你是切身感受是吧。

贾乃亮：有切身感受，因为这一路走来，从一个默默无闻的一个小演员，一直走到今天稍微有一点点成绩，吃的苦真的太多了，大家都觉得乃亮吃什么苦了，一直拍主要角色，但是其实背负的是很多别人对你的争议，和一些对你的质疑，奶油小生，花瓶，靠别人起来，觉得家里有钱，你才走到今天。我是通过自己一步步努力去击碎每一个人的争议。反正挺累的，真的挺辛苦的。

田　歌：辛苦好。你一夜成名也未必就好。

贾乃亮：辛苦好，而且呢，我在这里呢，也告诉大家一个不能说是道理吧，想跟大家分享一下就是尊严是放在心里的，不是在表面的，当别人践踏你尊严的时候，当别人可能会瞧不起你的时候，一定要告诉自己内心的强大，觉得自己可以，因为你觉得你的努力都是有收获的，当你去嫉妒别人，当你质疑异性的时候您就已经把你的生命交付给别人了。你已经活在别人的生活掌控当中了对不对。所以我给总结自己三个词，大家要记住了，出来打拼，要一懂得坚持，二要懂得不要脸，三要坚持不要脸。

田　歌：这个不要脸是说的比较通俗，就是要……

贾乃亮：对，就是要敢去闯，敢去拼搏。

田　歌：就是要皮实。

贾乃亮：皮实一点，不管别人说你什么眼泪留过了，路还是要往前走，被别人骂过了，工作还是要继续，生活还是要往下走，地球照样还是转的。其实每个人都有自尊，但是这个自尊在什么时候是最重要的。

→

田　歌：当你获得实力以后，自尊自然就来了。

贾乃亮：没错。影响你的成长，其实真正的内心的强大，是在内心的，不要去在乎别人对你的看法。

【田歌谈艺录】虚伪、虚荣不是真正的自尊心，不是对尊严的维护，这样可能你会失去更多。一个人真正的尊严是要靠成就，靠成功来支撑的，只要无损于人格、良知，就该去全力以赴达成你的目标。“不要脸”就是你得抛开自我，进入角色之真，这样才能走向成功。

我承认因为小璐才有我的今天

田　歌：所以我们把话题往回拉，我们要离你更近一点，离你的生活更近一点。我相信有很多很多人都知道你在这2012年，你完成了三件事是吧，迅速由男友变成了丈夫，由一个幸福的新郎变成了一个幸福的爸爸。

贾乃亮：对。

田　歌：然后还扮演了很多出色的角色。你看一说到这个话题，你的脸上溢满幸福，你看，后面也是很幸福的。

贾乃亮：开心了。

田　歌：李小璐是我们早就知道的，她演的戏，她小时候还特别可爱的时候她的戏我就看过，如《我只流三次泪》，要成为她的丈夫难吗？

贾乃亮：说难也很难，说不难其实也不难，她不像你心中勾勒出那种不可接近的，遥不可及的白雪公主，她也不是你心中那个随随便便就可以跟你谈恋爱的女孩，在我心中非常非常的意义那么不同，很珍贵。

田　歌：很珍贵。你一年之内就迅速完成了几个台阶，而且都很高调，这是80后的特质吧，还是属于你个人的特质？

贾乃亮：如果说高调的话，我要感谢媒体，其实我想低调但是低调不下来，你说我结婚能不请媒体吗，你说我生孩子，我都不想让大家知道，你说媒体能不偷拍吗？但是我一直觉得说这些都是幸福的对不对，而且有些人会说乃亮你太高调了，或者怎么怎么样，我是希望给喜欢我们的人同样分享幸福，什么是幸福？幸福就像香水一样，你赠送给别人，但是自己也会洒给自己的余香对不对，我觉得这就是幸福。当然，高调有些时候也不是一件好事，会影响到我们的生活。

田　歌：但你有没有想到，当更多的人分享你们的幸福的时候，也就多了更多双的眼睛在监督你们的幸福。

贾乃亮：其实这个是必然的，裸露在所有观众眼下的爱情和婚姻，是非常难经营的，很多人说感情是见光死，演艺界，见了光可能就完蛋，但是你分你怎么看这个事情，像普通人一样，简简单单平平淡淡过日子很好，就别人再拍你，你也是做你婚姻分内该做的事情对不对，身正不怕影子歪嘛，勇敢地去爱，去经营自己的婚姻就好了，有一天我犯错误了，我也去欣然接受大家的批评，对我来说是一个警钟，有一天我好了，接受大家对我的祝福，对我来说是生活中送给我一点点的甜蜜，都是一件好的事情。

田　歌：我看你在《离婚前规则》里，你和白百合演的那一对很相爱的一对，我的感觉就是，两个人很相爱走到一起了，但是对日后婚姻的生活并没有什么准备。

贾乃亮：其实可以这么说，爱情是真的也是假的，但是只有婚姻是真实的，我之前也说过这句话。每一个人都要做一个心理准备，就是婚姻跟现实的生活当中是有一定的距离的，现实跟梦想永远不会在一个水平线上，所以你只有好好地去经营婚姻，才能够让自己的梦想把这段婚姻保鲜，怎么说呢？每个人结了婚之后都得面临柴米油盐对不对，怎么能在这个过程中，让自己还是这么去幸福地生活下需，就要靠大家经营了。

在戏里我想很多人都看到过这样一场戏，我跟白百合在两个人面对面谈离婚的事情。当两个人彼此吵架，用语言伤害了对方，用行动去击碎了对方的爱和信任。回头再看一看两个人的爱情已经体无完肤了，再去黏合的时候感情也是有裂痕的，那个时候再面对感情的时候可能这段感情已经挽回不了了，两个人欣然地接受离婚这个话题，残酷的话题的时候，她跟我说我们离婚吧，我说好，你想要什么我都给你，可能我们最后都输给了现实，输给了……

田　歌：财富。

贾乃亮：对，输给了一些，我们80后都是包裹在父母关爱的这一个保护面下，导致我们没有办法去自己独立，去怎么样，不懂得经营婚姻，才走到了今天这个地步，突然间入戏了，感觉就是像对面可能就是小璐的感觉，感觉我已经跟小璐结婚了，我们两个在谈这个话题，就是真的是眼泪就决堤了，完全就不行了，忽然这场戏演完了，浑身好后怕，演戏演戏太好了，都是在演戏，所以感谢演员这个职业，可以让我在生活当中少犯了很多错误。

【田歌谈艺录】圣经说，上帝按神的样子创造了人，其实应该倒过来，是人按自己的形象创造了神。文学艺术就是这样，他们完全按生活创造了自己的产品。所以说，文学是生活的一面镜子，文学比历史更真实是有它的道理的。所以，无论创作还是演艺，千万别远离生活，而是要贴近，要进入，才会打动受众。“入戏”，就是一种生活的真实感。

←

田　歌：给你敲了一个警钟。

贾乃亮：对。

田　歌：但是你确实刚才说的特别对，你们这代人，尤其是你们的电视剧感觉到家长太渗透到你们的生活了，母亲恨不得想代替女儿当妻子。

贾乃亮：就是什么事都替女儿支招，还不支好招，还帮你出谋划策怎么算计人，我告诉你，这房子记住了，一定要落在你名下，那个让他们家买，你不吱声肯定买不了。就在戏里这种过程当中，有的时候就是说，我觉得更多的应该有这样的声音，就是你要更关爱对方，关爱你的老公，两个人吵架都是一种态度，谁对谁错呢，都有错，所以其实都宽容一点最好，有的父母不起好的作用，所以到头来可能是好心没起好作用，这样的话反倒去伤害了儿女的婚姻。

田　歌：爱得过分了，想替儿女的幸福恨不得代替。

贾乃亮：我妈，有的时候我欺负小璐的时候，你干什么你，你不许这样对小璐啊，谈工作就好好谈呗，你不许这样，我妈就是特别向着别人，而且从来不会护着我，不会因为我是她儿子，亲生骨肉，就对我百般呵护。

田　歌：其实你妈妈是护着你的，只是她会爱你。

贾乃亮：对，可能是这样，她怎么懂得去爱自己的孩子。

田　歌：生活你刚才说了婚姻是现实的，锅碗瓢盆，都会吵架，你跟白百合在戏里会吵架，在生活中我相信你跟李小璐也会吵架，这个时候这个结局将会是什么？她让着你，你让着她？

贾乃亮：怎么说呢，我脾气不好，我挺。

田　歌：你大男子主义吧。

贾乃亮：每次吵完架之都觉得挺对不起她的，我这人急性子，然后语言表达能力还不强。

田　歌：还不强呢，你今天太强了。

贾乃亮：真的。

田　歌：有的人是这样的，面对别人是强，面对自己最爱的人他就不强了。

贾乃亮：我太想在一秒钟之内把我所有的话说出来，说不好呢，小璐觉得我越说越添乱，越说越错，但是我内心是那种，我真的想跟她说我是对的，不是那个意思，越解释越错。有的时候就是两个人吵红眼了，我就摔门就走了，自己跟自己怄气。但后来发现，小璐说得一点错都没有，她是对的，因为当我静下心来聆听她说的每一句话都是很有道理的，是我自己太自负了，当时我就觉得自己是对的，我觉得自己是好意，但是被别人误解，但发现自己的弱点是我没有把这件事情解释清楚，没有把这件事情做好。打个比方前段时间在节目里，我说我追求她，她喜欢一件衣服，我就花我所有的积蓄帮她买。很多人就说是她管我要的衣服，我才去买的，所以就我没说清楚，是因为说，我偷偷地结账，她看见了，死活不让我结，就说你要结账我就跟你急，因为她觉得不能要我的东西。

田　歌：是在恋爱的时候吗？

贾乃亮：对，谈恋爱的时候，我就说不行，我说我一定要给你买。

田　歌：对，是一种爱的表达啊。

贾乃亮：都是一种形式吧，其实真正赔礼道歉还是在家里。（叹气）现在想想，就是做节目之前也她也惹生气了。

田　歌：今天，哎呦。

贾乃亮：做节目之前，就是可能自己因为什么事不说了，还是因为自己，想一想回去还是道个歉，还是得道歉。没多大的事。

田　歌：每次道歉很及时吗？

贾乃亮：不及时。

田　歌：不及时？

贾乃亮：我是这样，我是一定要想明白了，两个人吵架我一定想明白我错在哪儿了，真正把这事想通了，我心平气和下来，找一天的时间我跟她说，璐，你看那天咱们两个吵架挺伤和气的，我说都是我不对，你别生我气了，你看我就这样一个人，脾气急，但是没坏心，但是吵起架来的时候，能把别人气得要死，恨不得把我杀了。

田　歌：绝不示弱是吧。

贾乃亮：属于这种吧，因为我怕别人说我误解我，所以努力地去跟她解释，解释不清楚呢，就摔门就走了。

田　歌：不过能够赔礼道歉我们还是得给贾乃亮鼓掌。好男人就要善于坦诚的。

贾乃亮：我觉得应该给小璐鼓掌，小璐能够接受我这样的坏脾气。

→

田　歌：幸福来得太突然，幸福来得太多，可能都没有想好在一起应该具体的生活会是什么样就结婚了还没有想好要当爸爸，孩子就来了，还记得第一眼看见孩子的时候是什么感受吗？

贾乃亮：完全蒙掉了，现在我每天就特想看着她，挺奇妙的，她有一种力量，是让你可以战胜一切的力量，孩子就是这样。

田　歌：可以战胜一切的力量，这我理解，但是你想过吗？都要面对什么，怎么办？应该怎么抱她，应该怎么对待这个孩子，应该怎么对待初为人母的妻子。

贾乃亮：我觉得小璐是这个过程中最辛苦的人，还得承受着我的坏脾气，还得因为一个女人产前产后都有这种忧郁症，不管怎样她都承受着这样那样的压力，分娩，和长时间这种想象，一个女人生完孩子之后，初为人母的体型的变化，所有的变化，她的青春可能不再是一个花季少女了。

田　歌：原来是公主般的。

贾乃亮：对，所以每次吵完架都觉得挺对不起她的，亏欠她的，而且现在在这个过程中，我享受的全都是幸福，她享受的更多的是

【田歌谈艺录】有短信说：和领导讲道理是不想干了，夫妻间讲道理是不想过了。道理还是要讲的，但夫妻间确实不是完全可以理喻的，而是感情在支配。许多事都是见仁见智、乐山乐水的事，所以一定要学会听取对方意见，有一点舍己从人的襟怀，也许事情会比自己一意孤行要好许多。

痛苦

田　歌：痛并快乐着。

贾乃亮：痛并快乐着。所以在这里我要特别感谢李小璐。

田　歌：有点不好意思，你是不是能够非常明显地细腻地感觉到小璐内心的心理路程，比如说身材没有了，要去喂孩子，夜里要起来，有的时候可能样子也不能非常的美好，作为一个女演员来说，我觉得反差太大了。

贾乃亮：有一天，我无意中看到她的手机，她的爸爸给她发了一条信息，小璐好像在洗脸，让我帮她看信息。我偶然间看到她爸爸给她发了这样一条信息，是说女儿，说我回家的路上号啕大哭，看到你体型的变化，已经不再是之前的少女了，父亲挺难过。就是大概这样一个短信吧，然后她看完之后我就觉得，真的是应该好好对她，作为父亲太不容易了，然后作为一个女人，母亲就更不容易，尽量去好好爱她吧，尽最大努力。

田　歌：爸爸可能接受这个现实比妈妈要难一些。

贾乃亮：真的是这样。

田　歌：你的这种心态一定是向小璐表达过吧。

贾乃亮：没有，我觉得这种事跟她说太肉麻了，小璐说你就倔。

田　歌：对呀。

贾乃亮：你永远不跟我道歉，不说对不起，但是总是用行动表达，就是我说对不起太微不足道了。

田　歌：其实你不妨肉麻几次，肯定会获得良好效果的。

贾乃亮：我觉得与其说句对不起，不如真正付出行动，但是可能女孩子需要哄嘛，我觉得我这个脾气挺古怪的，她挺能接受得了我。

贾乃亮在谈话节目现场演唱歌曲

田　歌：不是需要哄，是需要你畅通的表达。

贾乃亮：我就奇了怪了，在她面前我就是不会表达，为什么我也不知道，就特别奇怪，只要跟她沟通就没有一句整话，就没有整话，不知道该说什么。

田　歌：其实心里什么都有。

贾乃亮：心里什么都有，其实懂得她的苦，所以看到她的这种体型的变化，怀孕的时候，那个时候那么要强的一个人，可能胖了一斤，都会每天跑步，然后去减肥，去坚持自己的状态，突然间为我生个孩子，然后整个人都变了。说我两句还算什么呢？对不对。

田　歌：所以这个变化不仅仅是身体的，还是心理的。

贾乃亮：心理上真的有变化，变得更加的善解人意，然后更加的去爱别人，她之前就是一个非常善良非常善良的人，然后心地特别软，只要微博上有人求助了，她看到了一定要去帮忙这种。所以像这样一个人，当她有了孩子之后，她看到别的孩子需要帮助，甚至别的孩子生病了，她也会跟着流泪，也会跟着难受，因为她明白那种为人母的心态，那种心情。

田　歌：虽然你不会表达，好在我相信小璐一定都能读懂。

贾乃亮：你看我一说我跟小璐这事我嘴就特别笨，特别笨。

田　歌：说说孩子吧，面对孩子你有特别笨的时候吗，束手无策的时候吗？

贾乃亮：有，孩子一哭就手忙脚乱，怎么了，怎么了，是不是拉了，是不是尿了，都不知道，她一哭我就要把她的尿布解开看一看，是拉了是尿了，因为就怕她太难受，有的时候可能是饿了这种。不懂啊，第一次有孩子。不太明白。

田　歌：谁也没学过怎么做父母。

贾乃亮：我现在懂得怎么抱孩子了，有时候这样抱抱看看，有时候这样抱一抱，

有时候这样抱一抱，反正都会。

田　歌：你觉得你自己改变了吗？

贾乃亮：很多方面吗，都有变化。变得压力大了，变得有使命感了，而且变得有点，可能考虑的事情比以前要多了，想问题更加具体了，不会再像以前一个孩子一样，因为现在当爸爸了，你要起一个表率的作用，不能每天像一个大男孩，无忧无虑的那种，父亲对孩子的影响非常重要，要起一个表率的作用。

田　歌：现在就准备给她当表率了是吗？

贾乃亮：对，没办法。

田　歌：我那天在听一个男同志在说，我以前工作一天从来不想回家，这有了孩子以后着急啊，我每天就想赶紧回家，你会有这种变化吗？

贾乃亮：每次同学聚会的时候挺难得的，吃完饭以后大家去一起唱唱歌，再聊一聊，喝点酒，想想学校的时光。

田　歌：一定得尽兴了。

贾乃亮：很美好的一件事情，到我这儿呢，我在吃饭的时候就已经很纠结了，我看着表，一直看表，快点吃，快点吃，刚吃半个小时，快吃，吃完了吗，吃完了走吧，唱歌去吧。说你干吗，说再晚一点我可能回家看孩子了，然后吃完饭一个小时了，出来之后开着车，我说你们带路吧，带着带着路，脑子里突然有孩子这个画面，马上调头，回家了。

田　歌：现在你和小璐会争这个孩子长得像谁吗？

贾乃亮：实话讲我小时候并不好看，小璐说最好小时候别像你，但是她心里虽然这么说，但是她还非常高兴说孩子像我，有的时候，你知道吗，我每天抱着她就跟抱着你似的。

田　歌：是吗？

贾乃亮：每天抱着她，觉得有时候有一种错觉，小乃亮，很多眼神也特别像，闭上眼睛这种眉宇之间的感觉特别像，脾气也特别像。

田　歌：天啊，现在你对孩子有未来的期望了吗？

贾乃亮：我就希望她一是健康，二是每天快乐，简简单单地快乐，不求她出人头地，大富大贵的，我希望给她营造一个温馨的，一个充满爱的生长环境。让她在这样一个环境里面，去慢慢地成长，然后那么多人关爱她，那么多干爹，干妈，爱她就好，千万别逼她去上作文班，奥林匹克班。

田　歌：别像你那样是吗？

贾乃亮：别像我这样，对，开开心心的。

田　歌：现在在大家的心目中，你是贾乃亮，是个好演员，是个好丈夫，是个好爸爸，当然了，现在正当红。

贾乃亮：其实说到这儿，我要特别强调一下，我感谢我老婆小璐，给我带来的一切，我口口声声说，我是靠自己努力争取的，我是靠自己的奋进去得到的今天的一切，其实很多我的成绩是跟小璐分不开的，在我最困难的时候小璐鼓励过我，在我最无助的时候小璐也帮助过我，在我有些时候去接戏的时候呢，小璐也真的去向导演推荐过我。很多在媒体面前曝光，也是因为跟小璐一起谈恋爱，大家才有的人第一次知道我，所以我在这里，我心里特别感谢她。

田　歌：贾乃亮这番话很坦荡。

贾乃亮：很多人都觉得说，因为小璐才有我的今天，我承认。

田　歌：但也不完全承认。

贾乃亮：我承认，感谢她。不光是事业上的，更多的是她给了我一份信念，一份勇气。

田　歌：我听了这话都特别感动，我估计播出的时候李小璐也会幸福地流泪的。

贾乃亮：还行。

田　歌：刚才乃亮说了他今天的成绩实际上和小璐走到一起有关系，但是看了几部戏，我深信你的未来一定是星途坦荡，会星光灿烂的，但是除了希望能够在屏幕上看到你出色的更多的角色以外，我还希望能够在大马路的菜市场上看到你，我还希望能够在林荫道里，看着你，拉着小璐的手在散步，我更希望看见你背着你的孩子，在去往学校和幼儿园的路上，看到一个特别真实的一个平实的，在屏幕上熠熠生辉的，但是在生活中特别贴近我们的贾乃亮。

贾乃亮：会的，一定会的。

张歆艺

『猫女』成长记

田歌印象

与张歆艺接触是一件很轻松的事情。她的爽朗与笑容，有种邻家女孩般的亲切与自然。作为地道的四川女孩，张歆艺十分喜欢吃辣，她坦言自己不能没有辣，如果一段时间没有了辣，自己的皮肤就会变得很差。生活中的张歆艺是一个不折不扣的“猫女”。她直言自己与猫的性格非常相近，喜欢自由又有些慵懒。

对待感情，张歆艺如同她在《北京爱情故事》中扮演的角色一样，她说自己的爱情是不求回报的，爱与情是比任何事物都大的。所以当面对我提起她的感情传闻时，她不禁潸然泪下，自曝把最好的年华给了爱情，给了某一个人。这一切，让我感受颇深，她并不像外界传说的那样，而其实是一个为爱执着无悔、把爱当做生命一样重的女子。

向往猫一样慵懒的生活

田　歌：歆艺是个四川姑娘，其实我和歆艺是半个老乡，因为我妈妈也是四川人。

张歆艺：四川哪里的？

田　歌：成都的

张歆艺：成都的，老乡！（地方口音）

田　歌：我听说四川姑娘爱吃辣的，湖南姑娘也爱吃辣的，贵州姑娘也爱吃辣的，那你们爱吃辣的程度有什么区别吗？

张歆艺：我是怕不辣、不怕辣、辣不怕，反正就是跟那个《辣妹子》里面唱的一样，而且吃得越辣皮肤越好，我要是一段时间不吃辣，就肯定会长痘长包什么的。

田　歌：天哪。一般人都说吃辣皮肤不好，那我们这个姑娘，越吃辣的皮肤越好。其实不是说一方水土养育一方人嘛，所以四川山清水秀，四川姑娘特别漂亮，你看歆艺特别漂亮吧。

张歆艺：四川姑娘性格比较好，比较火辣。

田　歌：你是这样吗？

张歆艺：我是这样的，性格我比较粗线条。

田　歌：就是你长得还是很有假象的是吗？

张歆艺：对，有一点吧。

田　歌：经常在什么时候就容易火辣，就是跟自己最熟悉的人在一起。

田　歌：我听说歆艺特别特别爱猫，然后我们那天在讨论你的时候，我说那她不就是一个猫女吗。

张歆艺：我挺喜欢猫的，而且我觉得我养了猫之后，我有一种感叹，我觉得猫它很像一个很好的朋友或者是一个很懂事的恋人。它会让你知道它的存在，但它不会天天要让你跟它玩给你压力和负担它不会，它是活在自己世界里面的，猫的脑袋里面有一块橡皮擦，它的记忆很短，所以它很容易忘事。

田　歌：经常短路。

张歆艺：对，它是那种活在自己世界里面，很开心的一个物种。跟我的猫在一起，我就觉得我应该早一点养猫，我早一点养它的话，我会更早一点明白一些道理。

田　歌：一般人养什么样的动物的话，可能他觉得自己身上，有和它有共同的地方，你觉得你和猫有共同的地方吗？

张歆艺：我是那种不太愿意给别人带来负担的人。我是很明白自己要做什么的一个人，不会给别人什么压力，让别人时时刻刻都要来关注我。刚才有一个记者还采访我说，你觉得你想要的一种生活方式是什么样的？我就特别想说是猫那样的。就是大家出去工作拍完戏之后，然后我就也不用参加宣传，也不用拍杂志，不用出席活动，什么都不要了。背着双肩背就出去旅行了，去自己想去的地方，跟自己的朋友在一起，谁也不知道我在哪，但是我活得很开心，这是我想要的一种生活方式。

【田歌谈艺录】这是一种十分典型的当代青年女性从业人员的职业心态，不只是从艺的。这似乎很正常，但很难说合理。古人有讲：少壮真当努力，年一过往，何可攀援！或许青年人可以更多去创造生活，而不是急于去享受生活。当然，在创造生活的过程中要学会享受，不要整天都紧绷着，那样活得也太累。

←

田　歌：但是我觉得猫很慵懒呀。

张歆艺：那不是我很向往的吗，我要是不工作的话，我非常懒在家里面。

田　歌：这么懒的人适合在演艺圈吗？

张歆艺：其实我觉得我不太适合在演艺圈。

田　歌：现在这个圈你必须是劳动模范，才说明你红啊，才说明你有竞争力。

张歆艺：所以现在我身后好多人，拿鞭子抽着我。

田　歌：你的猫会不会性格像你？

张歆艺：有点，猫也教给我一个道理，它总是跟你保持一种恰到好处的一个距离，它不会离你太近，它也不会说太远，它就在一个很合适的一个范围里边，在你身边游走，像一个很懂事的爱人，和一个很好很多年的朋友，然后它会让我明白，人与人之间，其实应该有相应的距离，要有一个美好的一个距离，这个距离是可以产生美感的。

人生中走得最狠的两步棋

田　歌：你生活在一个什么样的家庭？

张歆艺：我生活在一个很普通的工人家庭，我父母都非常喜欢文艺，我爸爸是他会口琴、小提琴、扬琴、手风琴、笛子，然后我妈是属于那种很爱跳舞的，她年轻的时候很漂亮很爱美，后来因为他们的职业关系，做了普通的工人，没有办法去做他们喜欢的工作。

田　歌：那你的事业是不是实现了他们的理想？

张歆艺：对，有了我之后，我妈妈就说给她取个名字吧，歆艺那个“歆”就是羡慕和爱好的意思，他们希望我也能羡慕爱好艺术，能喜欢文艺的东西。

田　歌：你当时羡慕和爱好艺术吗？

张歆艺：我不羡慕也不爱好，我觉得我进入这一行真是一个奇迹。我是一个极容易紧张的人，您刚才在前面说我的名字的时候我后背就冒汗，我小的时候更严重，谁说谁谁谁班里一个女孩叫什么张歆艺，我马上后背就出汗，手心也出汗。后来我是看到我的同班同学在学跳舞，其实我也节奏感也很好，可能因为我父母的遗传吧，我就发现跳舞挺好的不用说话，我就去学跳舞了，而且我觉得也很神奇，它可以通过肢体把你的一种情感表达出来。

田　歌：你学了几年舞蹈？

张歆艺：从我喜欢舞蹈开始，到后来进入艺校，再参加工作有十年了，都是舞蹈演员生涯。

田　歌：你当时学跳舞我听说除了因为想避免自己的那个不会表达的那个短处，当然也是自己热爱文艺，还有一个是因为想给家里做点贡献。

张歆艺：那个，对。我在上艺校的时候快毕业了，那时候也觉得我应该把我喜爱的这个舞蹈作为职业，一生的职业去做。然后我就应该是艺校毕业之后就应该去考大学，比如四川省舞蹈学院，升到本科；或者是我去一个更好的文艺团体，就是那个时候的部队的战旗歌舞团。

但是那个时候我父亲身体不太好，因为他脑子里面长东西了，所以要拍什么CT，做任何检查都是费用很高的。我的父亲因为不想让我们觉得他很痛苦，所以他忍着，他忍着被我发现了，有一次我叠被子，发现被窝里面有一个一个变了形的摩丝瓶，因为他很疼，他就捏着那个，在被子里头捏着那个，一直捏一直捏，把那个摩丝瓶都捏变形了，我当时就很有感触，我说爸爸得有多疼啊。

那会还在继续上学，有一天我妈妈来看我，我在成都上学，我的老家在资阳嘛，有60多公里。然后那我出校门，妈妈带我去吃酸辣粉，后来我陪我妈去逛旧货市场，那儿有很多旧的衣服、鞋子。我看见一件墨绿色的一件呢子大衣，收腰的，底下是像裙子一样的，上边挺好看的，二手的80块钱，然后我妈就在那儿试，然后我说妈这挺好看你买吧，我妈就不买，怎么都不买，因为在我印象中，我妈是很爱美的人，但那一刻我觉得我妈面对一件80块钱的二手的呢子衣服都不舍得买的时候，我有感触，我觉得怎么能让我的父母过这样的生活呢？我能做什么呢，那就减轻他们的负担吧，正好那时候深圳市歌舞团来要演员，我妈就说你去不去，其实她没想到我会那么干脆，我说我去啊，然后就去了那个深圳市歌舞团工作了。

田　歌：真是一个非常孝顺的孩子。我看你小时候学过很多样东西，如跳舞、画画等，可以说你小的时候是一个没有方向的人，你什么时候开始有了方向呢？

张歆艺：就是我觉得我人生有两步，是走得变化很大的。第一步就是去深圳，那是因为家庭的变故，我觉得我必须要做一个选择，它虽然是在我应该上大学的时候参加工作了，但是我依然觉得未来是神秘的，而且你马上就要到一个你觉得很神秘的一个环境当中去了；另外一步就是我工作了两年之后，我觉得我应该把我大学生活补回来，如果我的一生当中没有大学生涯，我觉得有点缺失，所以我又决定把工作放下，到北京来考大学。这两步是我人生当中走得最狠的两步棋。

出　歌：你觉得你这种选择，和你的性格有关系吗？

张歆艺：有关系。第一步是因为我真正是会心疼，我会心疼我的父母，我会觉得他们的生活不应该是这样的；那第二步我是觉得我心疼我自己，我原本可以上大学，我为什么不上呢？现在还来得及，于是又迈出那一步。

“二”其实是一种正能量

田　歌：网上我看到你的微博，很多人都喊你二姐，你好像也很受用这个“二”字。但实际上，通过今天的谈话我觉得你一点也不二呀，你为什么那么享受二啊？

张歆艺：因为我觉得吧，现在其实每个人他都会多多少少有一点二，只不过有的人他不愿意承认自己二或者犯过二，或者他觉得自己曾经做过一件事情很二是很丢脸的事。但我不这么认为，我觉得二是人非常好的品质，是一种正能量。因为现在的生活压力很大了，会有很多负面的情绪和负能量在你的生活周围出现，所以在这个时候要把二的能量要发挥出来的话，你就可以很快让自己平衡，不会那么觉得不开心或者有不平衡感，然后你还会把你自己的快乐带给别人。

田　歌：其实我们都知道，如果一个人被形容二的话，应该说是一种贬义，但是今天我觉得二又变成一种褒义了。

张歆艺：比较稀缺了，我觉得尤其是女孩子有这种品质的比较稀缺了，如果你有的话然后你又不介意的话会给人感觉很舒服。

田　歌：对，现在人们渴望真诚，渴望没有盔甲，所以“二”就变成可爱的形式了，我就想到你演的那个《小家大事》那个女孩，好像应该也有点二吧。其实我真正爱上你就是因为这个角色。

张歆艺：我当时获得《风声传奇》电视剧版的那个顾晓梦，也是因为这个角色。那个制片人看过我这部戏，正好换台看到了我在演这部戏，然后一看这不是那谁吗，她能演这样的角色然后说让她来我们这个戏吧。

入行借了“宝叔”的光

田　歌：我知道在这个圈里，女孩都得特别乖巧，然后特别讨人喜，会来事，你才能有戏演。但是你好像是上来就混不吝，反而有戏演了，你后怕吗？

张歆艺：我后怕，我现在绝对不会跟任何人很强势或者怎么样去说，或者是非常地急切地想要跟某一个导演或者跟某一个制片人去表达告诉他我有多好多优秀，我不会。我现在更明确地知道是演员是一定要在被别人需要的时候才能有价值，所以我这几年一直在做一件事情就是埋头苦干好好拍我的戏，踏踏实实拍每一部戏，也确实印证了我这一点，很多人确实是看了我的戏之后才来找的我，然后希望我能跟他们有合作。当我发现我站在一个制片人的面前，他告诉我我们需要你我们觉得你非常合适，我们需要你来的时候，我就特别有成就感。我觉得我自己之前吃太多苦，受做再多委屈都值得，因为这是你自己个人价值的一个体现。

田　歌：但是你要知道你要想被导演知道，被制片人知道他们很需要你，这是挺不容易的一件事。

张歆艺：是非常不容易，所以我入行已经11年了。

田　歌：其实在2007年，有一位男性朋友，其实就是你的忠实观众了，他就跟你说你看过《给我一支烟》吗？里头那个角色真好，那个演员演得真好，当时我真的跟你对不上号。那是怎么被发现的，你是幸运吗？

张歆艺：我觉得我自己非常幸运，在我刚刚入行的时候，我就遇见了赵宝刚导演，然后我就签约他的经纪公司。他就有一天跟我说，有一本小说非常好你可以看一下，叫《给我一支烟》。我说好，我就在飞机上很快就把那本书看完了。他说你喜欢吗，我说特别喜欢，他说我想让你演叶子，就是那个女一号，我说我行吗，我说你别逗我了，他说真的，那会我好年轻啊，很小的要演一个风尘女子。所以我觉得是导演对我的那种信任，除了说自己的运气好，没有别的硬道理可以解释这件事情了。

田　歌：但是我知道当演员，需要体验生活。但是他也有一个困境，不是说每个角色都能体验的，你说我演个杀人犯，我也不能去当一次杀人犯对吧。像你演风尘女子，怎么去找生活原型呢？

张歆艺：我当时也问过赵导，我说我没有这生活啊，我怎么去演这个风尘女子、边缘人物啊。导演就跟我讲，他说你不要去想你饰演的是某一类人，你就是个女孩，不管你是什么职业，你是医生，你是消防员，你是老师、会计，你最后还是个女孩，你还是要生活，要谈恋爱，要渴望爱情，要对你爱的人去付出一切，你要让你所有的男性观众都能爱上你，那这是你的本事。你不要去想你演的是一个夜总会的舞女还是什么人，你就是一个女孩，所以很多人看完小说之后又看了这部戏，他们觉得蛮是那么回事的。

田　歌：歆艺因为《给我一支烟》被同行和观众认识了，然后因为《小家大事》被优秀的导演发现了，这次他们又告诉我，你还演了一部特别好的电影叫《人在囧途》，在里面的造型上是一个颠覆吧。

张歆艺：我觉得这还不够丑呢，还得再丑一点的。

田　歌：我觉得现在好像女演员，或者演员要想成功，似乎有一个捷径，无论是国际影星还是中国影星只要扮丑就容易成功。其实我想可能不是这么简单的一件事，因为实际上一个演员，应该以塑造各种角色为荣。

张歆艺：我觉得女演员，你就光靠你自己年轻漂亮，当然如果你觉得这样OK的话也没问题，但是恰恰如果你非常喜欢这个行业，你真的是喜欢表演，足够地热爱，你自己现在干的这个工作，我不会太在意我是不是每时每刻都很漂亮，我觉得一个自信的人或者有能量的人是不会太在乎自己外在的东西的。

田　歌：对，优秀的演员，不是爱自己而是爱角色。

张歆艺：对，我觉得是必须要有生活也是要感谢生活的，只有生活才能给你无穷无尽的能量。

田　歌：有的人说一个优秀的演员演到最后就是演自己，有的人说一个优秀的演员是演各种不同人物而优秀。

张歆艺：我觉得这也是我，我不知道是不是别的演员，但是它现在为止是我的一个困惑：就是变还是不变？因为我喜欢表演，所以我喜欢演各种各样的人，虽然演得不怎么样吧，但是还是挺愿意尝试的。你就在那个世界里边，你就很刺激，但是观众对你的辨识度会降低，每次你出来都不一样，说这个人是不是那个谁啊，这不是演那个什么的吗，他们对你有一点模糊，他们记住的就是你的角色，对你本人的辨识度会降低。那如果说我重复反复地演某一类人，比如我就永远演林大夏这样的和接地气的，观众都喜欢的，一看这不是那谁吗，辨识度就高，但是我自己就会觉得，我为什么永远在演这样的角色，这是我的一个困惑。

田　歌：你到底想怎么样呢，是变还是不变呢？

张歆艺：我更喜欢是变，可能我现在的机遇到这儿了。

我把青春都献给了某一个人

张歆艺：通过一部《北京爱情故事》，大家知道林夏这个角色，大家因为太喜欢林夏所以他们才关注了我，然后回头再看我之前的那些作品，才对我有了一个更深的认识。所以我不后悔我以前的做法，觉得还挺踏实的。

田　歌：我们看林夏是一个北京姑娘的爱情，我们的张歆艺是个四川姑娘，四川姑娘在碰到爱情的时候应该是个什么样的状态？

张歆艺：都一样吧，爱情世界里边就是不求回报的。

田　歌：在爱情上，你是一个不求回报的姑娘吗？

张歆艺：我是一个这样的姑娘，我觉得你爱一个人是一定要感谢这个人的，你要感谢你爱上的这个人，不管他爱不爱你。因为他的出现可以让你的生活变得非常的有色彩，你因为他的出现可能恨不得给自己今天是这样的唇色，明天是那样的唇色，会把自己弄得非常的漂亮。你的生活因为他的出现，而变得就是非常有质感。

田　歌：那你同意这句话：爱一个爱你的人而不要去爱一个你爱的人。

张歆艺：那是我妈老跟我说的话。

田　歌：真的？

张歆艺：我妈特希望我找一个爱我多过我爱他的人。

田　歌：你是按这个标准去找吗？

张歆艺：不是，我都是要自己爱的才行。一定要自己爱上的，然后自己特别地愿意去发挥，去释放，甚至去付出一切的这样的一个人，哪怕这个人他是个很糟糕的人，但是爱情是没有办法计划的，它突然一下就劈面而来到你面前，你根本没有办法去控制它的。所以就要忠于自己的感受，一定要把你爱的这个人，当做是生命当中的礼物，不管他对你是什么样的或者他根本就不爱你，那你也要忠于自己这份感受，对他好。

田　歌：在戏里，你都是为爱燃烧自己的女孩，生活中呢？

张歆艺：其实我觉得现实生活中，这样的女孩还挺多的。我听说有一对恋人，他们因为在不同的国家生活着，然后因为他们之间发生了爱情，但是他们不能老在一起，所以他们每一年都会在阿尔卑斯山的脚下见一面，这样有十年之久，后来他们终于结婚了，这都是我觉得爱情的典范。

田　歌：所以其实不管今天多么物质，人们还希望能够拥有一种感情至上的生活伴侣。我有一天问我一个发型师说，你会爱上林夏吗，他说我爱，我说为什么，他回答说，我要能遇上这么一个女的就好了，那么死心塌地地爱我，不求任何别的。当时我们共同的观点就是因为现在这样的女孩太少了。

张歆艺：我觉得我就是这样的女孩啊。在我的生命当中我觉得情意，就是爱情真的是最大的，比天都还大，我觉得比理都大。

田　歌：那你想要拥有一个什么样的爱情呢？

张歆艺：我觉得平静又快乐的是我想要的。

田　歌：你瞧瞧林夏平静吗？

张歆艺：不平静。其实现在大了，越大越渴望那种很稳定的，就是你在外面吃多少苦，受多少委屈，你只要想到你身后有这么一个人，你就觉得特别踏实。

田　歌：一看张歆艺是为爱情燃烧过，现在还跃跃欲试吗？

张歆艺：谁没有过啊……

田　歌：关键是看你热泪盈眶，我特感动你知道吗，我觉得一般女孩燃烧过就烧伤了，你好像还想再次飞蛾扑火。

张歆艺：我觉得有句名言说，只求在最美好的年华遇见你。

田　歌：你在最美好的年华肯定遇见了吧，你为爱都做过什么燃烧自己的事啊？

张歆艺：我把我的青春给你就是燃烧。

田　歌：你把你的青春都给了爱情。

张歆艺：给了某一个人。

田　歌：为什么我眼前的张歆艺对待感情的态度，和我从媒体上获知的不一样呢，信息太不对称了。

张歆艺：永远是不对称的，关于我的事情，你们统统都猜错了。

田　歌：这可能也就是这个职业造成的悲剧。

演员最应该做的就是好好演戏

张歆艺：这个职业这个行业是这样的，你的付出和收获是不成正比的，这是一个大家只看结果的一个行业，不会有太多人去关心你入行多少年了，你吃过什么苦，你都有哪些隐忍，你都什么时候把自己后槽牙咬碎了，咽进去了，什么时候又告诉自己，当我出现在观众视野的时候，我已经是一个阳光灿烂的人。他们只看结果，所以这样其实挺不公平的，其实因为这个风气吧，也让很多年轻演员刚刚进入这个行业的时候，可能会忘记自己最应该做的是什么，去弄一些绯闻、一些噱头，一些很奇怪的一些东西，而忘了自己其实最应该做的就是好好演戏。

【田歌谈艺录】在这个世界上，投入与回报之间永远是不同的，而且并不是有投入就会有回报的，但只要你一直坚持尝试下去，总有一天你会成功的！这就是那种“庄稼不收年年种”的精神，就算今天庄稼没收成也要坚持年年种下去，直到丰收的那一年！

←

田　歌：我觉得歆艺这番话其实挺让我震撼的，我真的不知道还有这么可爱、这么执着热爱创作的女演员。真的，我虽然和演员这个队伍已经算是离得比较近的，但是我常常也会被一些现象给迷惑，就是总觉得什么丑闻、绯闻都是演员可以拿来作为扩大影响力的资本，而且我觉得有个特别怪的现

张歆艺在谈话节目现场

象，就是说很多人是禁不起这种丑闻的，而演员这个职业例外，丑闻也能帮助你成功。反而认认真真地，像你认认真真执着地演戏可能被埋没了。如果一个演员，一个年轻的漂亮的女演员，还在坚守这个的话，她一定会是不容易的一件事。

张歆艺：我喜欢表演，我觉得表演可以给我一种很像童话一样的生活，我觉得自己可以用不同的身份，去到不同的年代感受那个完全是跟自己生活隔得很远的那个世界。我其实有时候挺享受的，有的时候也不愿意回到现实生活中里。

田　歌：因为演一个敢爱敢恨的角色，你火暴荧屏，人气大涨，一下成名了。这成名和你当时想象的效果，是一样的吗？

张歆艺：我从来没有想象过我会将来有多红或者怎么样，我的人生没有什么计划，我也不给自己留后路，我就是这样一步接一步，我都得踩着地下踏实地往前走。至于未来是什么样的，未来可能就是无数个今天，就是我今天是这样的，明天是那样的，未来是每一个今天这样走出来的。

田　歌：可是你原来走进这个行业的时候，就知道一定要成名才能成为一个好演员。在今天你不成名，你就没有机会创作，可是成名又会给一个普通人带来困惑，你现在有困惑了吗？

张歆艺：有一些困惑，但是我觉得那都是必经之路。有一些负面的和一些我不愿意听到的声音出现的时候，也会有一些颓然，但是会有很多人跟我说这个是代价。

田　歌：现在你还有机会去体验生活吗？

张歆艺：很少了，我跟你说个玩笑。我过完年我初五的时候，出国去玩了。当时公司给我安排了很多工作，就堆积在那里让我回来做。然后有一天我的经纪人，我刚到那儿的时候，给我打电话说，你什么时候回来啊，我说我七八天我就回去了，我说我这一年就这七八天，你一定让我好好休息一下，不要给我打电话了。又过了大概三五天吧，然后经纪公司又给我打电话，我的老板说歆艺你快回来吧，我说我不都跟你说了，我再过几天就回去了吗，然后他说，不是，你快回来吧，你红了，真的！

田　歌：上飞机时还是原来那个张歆艺，下飞机就不是原来那个张歆艺了。

张歆艺：开个玩笑，他们在电话里跟我开这玩笑，我觉得特别有意思。

田　歌：但确实是不是红了以后有些身不由己？

张歆艺：是更忙了，真的是更忙了。

田　歌：但是你要知道红了以后，会有一些明星作风的，我是腕了，我到哪我得前呼后拥，有些事我是不能做的，比如说我原来老在小摊上，吃麻辣烫、酸辣粉，那是你的最爱，那红了以后还能去吗？

张歆艺：吃啊，没所谓的

田　歌：你刚想吃别人把你给围住了。

张歆艺：就围吧，一起吃。其实有的时候你不要太在意，因为他们是喜欢你，所以他们看着你围着你，你就好好地跟他们沟通讲一讲，他们会明白的。

田　歌：好，最后我希望再有机会和你访谈，我更希望歆艺出名了以后，大红大紫以后还能保持今天这种可爱女孩的心态。

张歆艺：谢谢，我会的。

王宝强

别人『追星』他追『太阳』的『傻根』

田歌印象

王宝强自《盲井》出道，以《天下无贼》为世人所熟悉，印象中的王宝强，是憨厚朴实的傻根，是不抛弃不放弃的许三多，是执着坚毅的神枪手顺溜，还是各种幽默搞笑的喜剧小人物。入行十数年，王宝强饰演了多个口碑不俗的经典角色，从北影厂门口的群众演员成长为大明星，其间诸多心酸不为人所知，他的成长如同一部励志影片，令人感慨之余更激励人努力拼搏。

当我问他：“当你再次路过北影厂，你有怎样的感受？”王宝强深情说道：“我是从那一步一步走出来的，我王宝强做的不是最好，我希望能有人再次从北影厂门口走出来，成为第二个王宝强。”

采访王宝强最大的感受便是他的诚恳，成名之后仍然能保持一颗赤子之心不容易，他的亲和力注定让他成为观众的宠儿，祝愿王宝强在演艺的道路上愈走愈远，拥有属于他的一个又一个精彩的十年。

一部电影改变了人生

田　歌：我们大家都是看电影，看影视作品认识你的。那你小的时候在什么样情况下看电影呢？

王宝强：在农村，就是露天电影，我没去过电影院看过。

田　歌：从来没进过电影院？

王宝强：从来没进过电影院，就一直都是在，像我们那个就是大街上，街上就开始，这个村街上放。就比如谁家结婚了，应该是红白喜事，比如说谁家老人去世什么的，就会在街上一晚上放两场。

田　歌：其实大家都知道，宝强命运的改变其实受了一部电影的影响，就是你常常跟大家说的，就是看那个《少林寺》是吧？看完《少林寺》以后您就突发奇想了。

王宝强：其实看《少林寺》之前，那时候我们也看很多电影，也不是说第一次看电影看《少林寺》就去的，因为那个时候经常看武打片，就觉得看了很多片，就觉得和尚功夫特别厉害，然后一看剃光头的，功夫特棒，谁都打不过和尚，就是那种感觉。其实后来看了《少林寺》之后，让自己一下有那种欲望和冲动。

田　歌：冲动？

王宝强：对，冲动那种，一下，并不是光我自己，几个伙伴们看着都要去，去少林寺吧，小时候在地里想的。

田　歌：那他们去了吗？

王宝强：没有，他们都没去嘛，没去成。

田　歌：就你自己去了？

王宝强：我自己去了，所以说他们现在没有成名嘛。就那时候年纪很小你不会想太多的，我这个人就是想到了，就要去做，要不做的话遗憾不说，就觉得自己每天无精打采的，没劲。

田　歌：我采访了很多成功人士，他们就是不光想，还立刻行动。

王宝强：对，一般的说吃就要端，说吃就要端上来那种。

→

【田歌谈艺录】"想吃就端"，很朴素的语言，那么重的乡土气息的语言。但许多生活的真理都在这些最朴素的语言中，而不在那些无病呻吟、缠缠绵绵、怨怨艾艾的小情调中。许多人都想到了，但有的去做了，有的就没去做；都去做了，有的认真，有的敷衍，有的坚守着，有的放弃了。这就是人与人命运不同，成就不同的根本原因所在。

田　歌：对，说吃就得端上来。那你们家里人能同意吗？你这么小就自己跑去。你怎么征求他们同意？

王宝强：我爸妈都不同意，第一是觉得我小，第二要上学，很多方面吧，然后就不是特别同意。但是我那时候我就是想了很多招，先跟我妈聊，跟我妈说。那时候我在说的时候我在家里表现特别好，在地里干活，给我妈在地里去拔菜，拔草。

田　歌：那你妈知道你有什么动机吧？

王宝强：没有，她不会去想这些的。在地里干着干着活给我妈说的。我说去少林寺吧，我说少林寺能拍电影，将来以后我说你也能看到我，就跟那个街上放那个帐布那个，能看到我，多有本事啊那种感觉。我妈她也没当回真事，我说的不是一次两次。我不敢跟我爸说，我跟我爸很少话说的。但是跟我妈说了之后，后来那天晚上回来我真的又跟她说了一次，我妈后来才当真了。我说我现在你说在家里，我有哥有姐都在家呢，我说就让我去吧。我说我现在要是不练武之后，将来以后想练的时候就晚了，一辈子就练不了了，如果十八二十，这时候你再支持我我有条件去练武，没戏了，练不出来了。很多人就是从小，人的一生当中就有一次。

田　歌：从小跟他妈就讲大道理。

王宝强：那时候就想，就是想了很多。然后跟我妈说，我妈跟我爸说，那你怎么去呢？不认识，没有门道。然后就是听我们有一老乡，但是不是我们村的，然后在少林寺的，就等着人家从少林寺回来之后，过了一阵春节回来之后，然后我爸去找人家了，跟人家说的，少林寺还收不收徒弟。

田　歌：实际上你爸你妈最后也都支持你了？

王宝强：对，后来也都支持了。

田　歌：但是他实际上不完全是这么理性地去劝说他妈，他跟他爸妈说，让我去少林寺吧，将来我挣了钱我养活你们，让我去少林寺吧，我以后不娶媳妇了。

王宝强：对，那时候我说，我说将来以后你要让我去练武，我没拍成电影也没关系，我说家里所有的地，因为有哥，要分房子。我什么都不要，我娶媳妇你们什么都不用管，你别管我，我挣钱我养活你们。我就是这么跟我爸爸说，我妈可感动了。

田　歌：是吗？七八岁就讲这么大的事。

王宝强：当时说之后，他也就是听听罢了，谁会当真呢，大人根本不可能会把小孩的话当真。但是我到少林寺后来实现之后，后来我拍完《士兵突击》之后，我又回到老家在地里干活，也就是在那个地就掰玉米。

田　歌：也是说那番话的那个地？

王宝强：对，我妈就回忆，几年前，你看我在这儿跟你说这话，我妈也没有想到会变成真的了。

坚持不懈才能梦想成真

田　歌：王宝强自己选择去了少林寺，而且自己特别有心思的做了家长的工作。然后怎么又自己选择离开少林寺的吗？

王宝强：主要因为在少林寺待了几年没拍成电影。

田　歌：你以为到了就在那儿拍电影？

王宝强：对，看少林寺嘛，然后后来也听师父说，后来知道了，在少林寺就是很多人拍戏来少林寺取景，那时候少林寺，只要是关系少林寺的，我们在少林寺会给我们讲，拍少林寺的时候是在这个场景，荧幕上见过的。看他们拍，就告诉我们在哪儿哪儿，我说啥时候再过来拍呢，就问人家，那挺没谱的嘛，得有人拍才可以。所以后来就说的北京，北京可能拍电影相对来说机会比较多一点吧。

王宝强在现场展示功夫

田　歌：自己又选择离开？

王宝强：对，又选择。

田　歌：你看，我觉得宝强能够成功，除了他有梦想，除了他不向命运低头，还有一点非常重要。他很有勇气去选择让自己的改变，他的每一个改变好象都不是家长决定的。

王宝强：对，因为我这人小时候就喜欢练武，喜欢做一件事，就是想有一天能拍成电影。其实我长这么大也就做成这么一件事了，其他的别的也没做成啥，感觉别的也不适合，也没兴趣。其实还有一种，就是孩子做事，我觉得还是根据自己的想法，只要是对的。其实有很多家长催促他，就是为了让他去怎样怎样。

田　歌：强迫他。

王宝强：对对，那样的话可能，因为他不是自愿的，而且可能学的过程中，也许有的小孩学着学着自己会爱上，会喜欢上，会能成。但是还是根据自己最喜欢，最喜欢你不用去说他，你也不用管他，他就自动的会特别特别努力。

田　歌：他热爱。

→【田歌谈艺录】许多孩子把时间放在“追星”上，不惜风餐露宿，不惜千里迢迢，不怕别人呵斥白眼，但王宝强这个“傻根”却不去追星，从七八岁开始就追“太阳”。为了电影，从农村追到少林寺，从少林寺追到北京。终于在北京的金山上，他追到了他心中的“太阳”，他终于从影了，他终于成功了，他终于被追了。人这一生就是一场追寻，而你追什么似乎决定着你的生存筹码。

王宝强：对，他热爱。为什么我说我练武术比学习成绩要好呢？我练武术真的就是前边练一遍，后边我几乎就能练下来，在我们那个里边就像师父教套路什么的相对比较快一点，比较喜欢这个。而且过星期六星期天什么的，我自己喜欢没事还要练一练，练就觉得能找到一种，而且你说现在的人可以说挺充实的，就是能找到自己一种兴趣，觉得这样，没别的。

田　歌：一种爱好，我离了这个我还有属于我自己的爱好。

王宝强：对。

田　歌：我觉得有梦想是很容易的事，每个人都有梦想。但是有梦想怎么才能够成真，这个确实需要努力。

王宝强：对，坚持不懈。

田　歌：坚持不懈说的是容易，做起来不容易。

王宝强：真的。我现在我特别能体会到，一句话，感觉台上一分钟，台下十年功，说起来容易，做起来真的太难了，没练过不知道，就跟你上学一样，你读大学似的，你上到大学你知道你多少年，从幼儿园开始，一年级二年级多少年积累到这儿。其实跟练武术也是到这儿，从基本功一点一点还是积累，就是你身体各方面练，是很难练。

田　歌：除了在身体上要吃苦，要锻炼自己那颗坚强的心。

王宝强：对。

田　歌：我估计在现在的成长过程当中，你还要去应对很多很多的所谓的台下十年功。

王宝强：对，所以就是说重在于坚持。其实说是坚持，我个人倒觉得挺想养成这样一种习惯，不要把这个当成是一种坚持，我要坚持，我要坚持。我认为要成为一种习惯，生活中的习惯。其实，看我这么多年，我离开少林寺也十多年了，但是呢，我马上要拍武打片了，我可能离开，你看能拍吗？其实我就是日常生活中拍戏也好，就是工作又多了，但是，我就会养成一种习惯，没事就简单的压压腿，翻翻跟头，搭搭套路，也不能说你天天练，因为不像你在武术队，除了吃喝没别的，就是练，少林寺你就是练。你现在没那种条件，没有那种环境了，只有靠你自己看你怎么去把你的生活调理。其实我觉得我目前来说，恢复各方面，我对马上要拍这部电影，我信心特别大，特别自信。

田　歌：你要是不和王宝强聊天，你可能会觉得王宝强他的形象很特别，在这个圈里他很特别。王宝强可能人际关系特好，招人喜欢，王宝强可能特善良，大家愿意接待他，王宝强命还特好，会这样想。但是实际上一接触一聊天，我觉得王宝强其实除了能够坚持能够努力，还是一个很善于思考的人。

王宝强：你不要把任何一件事想得太简单，其实有时候很复杂的一件事，我想得反而特简单，有时候特别简单的一件事我想得特复杂，就是要特别用心。其实为什么这么说？你可能会调理这个东西，就是细节，关注你的细节。其实我生活当中就是，你遇到一种人挺难接受，或者挺愁人的一件事。你不要当成一个愁事。

田　歌：反而不想。

王宝强：当成一个很乐观很开心的人生经历，很美好的一件事情。

田　歌：但是如果是……

王宝强：但是别人感觉到我在特别辉煌，拍戏，《天下无贼》，什么《士兵突击》，王宝强命怎么这么好呢，演好角色，我为什么没有呢？其实我不认为我运气特别好，我也不认为我命特别好。真的，一切都是靠自己努力过来的，人越在辉煌高峰的时候，你越要谨慎，要注重，人在低落的时候不要灰心，一定要精神。

田　歌：讲的都是哲学了，哲学的关系了。

王宝强：真的，其实想想是这个道理。

田　歌：没有人轻易成功，我们相信天赋，我们相信有机遇和命运的因素，但是，谁也不会有那么好的馅饼老砸在王宝强的头上的。

王宝强：对，我觉得不要把任何一件事想得，王宝强成名来自于特别好的运气，什么命好，命都是一样的，那就是在村里，我小时候也是光着屁股在地上打滚，弄得跟泥孩似的，都是这样过来的。

田　歌：人家还有人说呢，王宝强为什么成功呀？就是他长得那泥孩那样，我们都太帅了，只有他有特点。

王宝强：对，就是自己一点一点经历，你靠自己奋斗，靠自己去经历。

田　歌：还是一个很用心的人，难怪一笑光芒万丈呢。

王宝强：光芒万丈，光荣绽放。

做父亲是件很过瘾的事情

田　歌：刚才我看到一个记者采访你了，记者说宝强你觉得出道十年来最大的变化是什么，然后你说变得越来越好、变得越来越棒、戏也越来越棒，太狡猾了。

王宝强：没有没有。

田　歌：你是真没听懂人家啥意思？

王宝强：这个事实也是这样，你看拍每一部戏也是出来之后，大家是不是越来越喜欢我了，是不是越来越喜欢看我演的戏。

田　歌：其实我知道他是什么意思，毕竟我们都是同行，实际是想问你在戏里已经演爸爸了，是不是生活中已经当爸爸了？

王宝强：应该是生活中当爸爸了，戏里面就当爸爸了。

田　歌：所以说这个戏让这个人物更有挑战性，也是大家对这个角色更有期待感，就是说不管你生活中是不是个爸爸，但你在我们很多观众的眼里还是个毛头小子呢，你演爸爸你觉得有挑战性吗？

王宝强：挑战性非常大，真的想看看我这个爸爸像不像个爸爸，请大家一定关注《我的父亲是板凳》。

田　歌：你说这演员，我们都觉得演员几乎没有隐私，可是王宝强同志这隐私保护的太好了。

王宝强：没有没有，我也没有什么隐私。

田　歌：你看上次采访的时候根本就不知道你已经是爸爸了。

王宝强：那是你不知道。

田　歌：你在农村盖房子我们也知道，你什么什么我们知道，就这个特别重大的人生改变我们都不知道，还真是很有本事。

王宝强：我真没本事。

田　歌：这些八卦记者真愚蠢。

王宝强：你说的八卦，你说太对了，对付八卦媒体真的没办法。

田　歌：没办法，坦率的说生活中你关注八卦消息吗？

王宝强：其实我不关注这些，很少，我是怎么，一般的我也很少上网，上网我就是看一下新闻，你得了解有的消息各方面，其实我很清楚媒体，刚才你说的八卦媒体，八卦他自己今天写一篇稿这样那样的，观众看了这个演员怎么是这样的，明天他又写了一个其实不是那样的是这样的，怎么又是这样的，其实真正的是谁在愚蠢观众什么的，不是演员，也不是那些所谓的名人就是那些八卦媒体是他们乱说，真是他们想说啥说啥，想说啥说啥，为了出稿各方面的。

田　歌：谁说的，想说啥说啥，真的要是说了啥你不会去起诉他们？

王宝强：起诉他有用吗？这些东西，其实我觉得既然娱乐是八卦各方面就是一笑而之就完了。

田　歌：但是人家说了，其实八卦内容中有没有你就可以说明你是不是一个很有市场的明星，你同意这个道理吗？

王宝强：我同意，他就是在你有点的时候你不用去操心，有人给你写各种各样的就是媒体，好的也有不好的也有，所以你不用担心。别人有说你不好的，也有媒体专门反过来专门说你好的，有人说你好的全是好的了，总是有八卦媒体说你不好的，所以任何的好与坏是背对背的。

田　歌：这方面你可能有点生气，可是那方面同时说明你炙手可热是吧？

王宝强：正是因为你受大家关注，有市场。

田　歌：对，就是我希望别人写我，但是人还不写我呢。

王宝强：回头我去当记者写你。

田　歌：这有什么事我终于找到罪魁祸首了，咱们言归正传，有了孩子以后是不是你对父亲两个字的感觉更深了？

王宝强：对，这个你不当父亲不知道，当了之后呢，有孩子和没孩子的感觉肯定

王宝强在谈话节目现场

不一样的，这种体会觉得让你体会你之前你没有过的，我之前在北京我出来的时候是一个人，现在我自己组建成一个家庭，而且有了孩子，你肯定各方面你承担这个责任，当然你承担这个责任各方面你看了，你看都是幸福感，真的跟这光荣绽放似的，真是你心里特别好，很欣慰，尤其是我跟儿子。

田　歌：儿子。

王宝强：对对，晚上睡觉就抱着我睡觉，就搂着脖子躺在你身上滚几圈，光着屁股，你看了那种感觉其实父亲真的很幸福。

田　歌：就是可能是语言难以表达的幸福。

王宝强：真的是说是说不明白，但是真的是去体会特别深，而且有一次我出差三天，三天我没有回家，然后我半夜11点多了，12点我下飞机回到家我打开进门，我儿子在家在床上躺着我就笑，躺着我就笑，等抱着他的时候他忽然就哭了，哭了你知道他那种感觉是什么，就怪你，你怎么走这么长时间没见到你，你知道吗，当时哭得特别难受，我就心理特别感动。

田　歌：你也哭了吧。

王宝强：对，我心里真的是不愿意出去出门，后来我每次出去出差各方面都会跟他说，都会告诉他我说我出差几天，你在家好好听话，过两天回来了，然后别太像爸爸，也逗他，有孩子真的感觉很不一样。

田　歌：很幸福，他长的像你还是像他妈?

王宝强：刚生下来的时候像我，长着长着像他妈妈了。

田　歌：越长越好看了。

王宝强：对，像他妈妈了。

田　歌：真会长，我总觉得一个男人有了孩子以后真的女人有了孩子变化很大，其实男人变化更大，我听一个也是有了孩子的父亲说，我有了他以后我出门原来穿马虎蹭就穿过去了，现在不行，我左看看右看看。

王宝强：对对，这个肯定是，我现在就是你知道吧，任何一件事我都得往好的想，其实你现在你不光是你一个人，你要记住有爱人、有孩子，上有老下有小有父母，所以说不光是你父母想怎么着，想出去拼命就过去了，因为不高兴就打架什么的，所以这些事我全部全部都抛在脑后了，就是任何一件事情发生的时候都要理智的去想一想，即便对方不对了，咱能少一事别多一事，惹不起怕的起，咱就平平淡淡的把自己生活过好。

田　歌：是不是对幸福的理解也变了？

王宝强：也变了，也会不一样。

田　歌：别看外表是一个毛头小子，其实真的内心成长了，你希望你儿子将来说到我爸爸的时候，说到你的时候，是说简直就是一座山，或者说他就是个板凳。

王宝强：不会，这是我肯定会在家里做一个好的榜样，首先肯定会很好，因为妈妈一直也陪着他们，我这个父亲现在我做的也不差，相信我也能做一个很好的父亲。

演艺之路光荣绽放

田　歌：你觉得你觉得角色哪一个在老百姓心里面最深入人心的？

王宝强：《天下无贼》傻根，然后《士兵突击》许三多，《我的兄弟叫顺溜》顺溜，然后就是板凳。

田　歌：哪一个角色在你心目中你是最看重的？

王宝强：最看重的其实怎么说，我觉得演过所有这些角色其实每一个角色都不一样，但是呢，但是给观众留下的印象都是一样的，傻感单纯善良，许三多那种执着、许三多那种精神，有电视剧还是很少完全走内心的这样走下来，阐述这个人物，我当时的那个状态跟许三多非常的像，包括他的一举一动他的状态和他的感觉，为人处事都是挺像的那个阶段，但是现在你看拍完顺溜之后，顺溜变得很开朗的，顺溜就是很开朗的，不是后面那种，那就是想起一初是一初那个劲就给的特别足，野孩子从小也是打猎神枪手，而且又有一技之长，而且也挺值得骄傲的自己，谁也不怕，司令员都敢强起来的那种。

田　歌：其实宝强其实挺看重《天下无贼》里的那个人物。

王宝强：对。

田　歌：因为是那个角色让更多的导演开始关注他，然后观众可能是因为《士兵突击》里的许三多深入了他们每一个人的心中，我们大家在一起议论的时候，现在他们都在议论你的《最爱》里面的角色，但是我经常会跟他们说我喜欢那个角色，我喜欢那个是叫《暗算》吗？

王宝强：对，《暗算》里那个瞎子。

田　歌：但是不管怎么样，其实大家佩服王宝强你看他出道时间并不长，为什么每一个角色都是那么栩栩如生，每一个角色都能立的住，这真的不是每个演员都能做到的，其实每个演员我相信都和宝强一样的努力，但真的不是说每一个角色都能立的住。

王宝强：对，就是说一个演员你这一生当中可能有一个戏，有一个角色给观众留下很深的印象，可能靠你这个角色能吃一辈子，真的是这样的，但是你要说做到每一部戏，每一个角色都给观众留下印象确实很难的，很难做得到。

田　歌：你好像很容易。

王宝强：但是我做到了，还好还好。

田　歌：宝强其实你挺幸运的，你看你要为自己的成绩和角色骄傲得意的时候，大家就会跟你一起高兴，可是有的演员如果要为自己的角色骄傲一下，得意一下大家都会觉得烦，我就一直在琢磨为什么，你琢磨出来了吗？

王宝强：琢磨出来了，首先自己就是要乐观，对于任何一个戏，即便剧本不好，即便各方面不好，不好你如何把它变好，一个剧本给你一个框架，不要让这个框架给你限制住，我们大家一起过来干吗，我们是要一起创作的，大家一起过来创作，包括我们的摄影师包括演员之间，不是说这个词给你了你死记硬背，我背完就完事了，太生硬，一定要融合对手对方我们如何出彩这场戏让观众看到的是什么，看完了这样场没感觉，我也不知道在讲什么，演什么，所以如何你演的有点让观众去吸收，所以说这个角色傻根大家为什么能记住，正是因为它里面的单纯，他的性格特点演活了观众有亲和力他记住了，包括阿炳他是一个傻子很另类，而且他有一个擅长就是耳朵能听，他有弱智的那一方面，包括许三多也是一个很不起眼的这么一个经历了那么多，包括顺溜枪法又好，包括现在的板凳，他有他的生命，就是说每一个人都有自己身上很有魅力、可爱的地方，但是如何把你美丽可爱的地方绽放出来。

田　歌：也许我太主观了，其实我觉得演员总想塑造差异特别大的角色，我认为你心中也在暗暗使劲，千万别重复，千万要有差异，或者有一个梦想能不能有一个让你脱胎换骨的角色？

王宝强：所以我就说，这个一般的，你看我拍《天下无贼》的时候很多人都叫我傻根，见了很多人都说傻根，叫了三年，直到阿炳出来的时候很多人都说那不是那个瞎子阿炳吗，就是我在拍《集结号》的时候很多人都不知道，就没见过我之前很多戏人家都以为我是一个瞎子似的，他能看到东西，不是一个瞎子，就当地老百姓真是这么说的，总是说你是有一个影视的人物，直到《士兵突击》许三多，大家绝对都是叫许三多或者说你如何超越傻根如何替代傻根就更难了，就看王宝强，说白了就是等着看笑话呢，真的是我看你如何变化，出了顺溜之后大家又在说你如何超越顺溜，如何去突破顺溜又来了，依然我很自信，大家就看《我的父亲是板凳》，我觉得有新人物来代替这个，但是经典已经是经典了，那个东西是无可替代的，也没法比的，也没去超越的，只是说有一个新的人物、新的角色来去尝试不同的王宝强，你看到我更多的那一方面，就是新的那一方面你们没有见到的，你们有没有见过我《上海滩》的年代、造型，没见我成熟那一方面，没见过武打那一方面，没见过枪战的那一方面，所以说在这个戏里面都会融合在里面。

田　歌：行，喝水吧，你一说到自己的角色就说不住，挡不住了。

王宝强：滔滔不绝，因为对这个人物觉得确实太喜欢了，真的太喜欢了，所以说个东西就是你付出的东西，你得到了一种欣慰这种成就感，好事都想跟大家一起分享，马上想让大家看到这部戏。

田　歌：理解，完全理解，我觉得你表演除了真诚、自然还有一个最大的可贵之处真是没负担。

王宝强：对，所以说我觉得你不能说，挺好的，拍一部戏，有的人可能拍一个不好戏的时候不愿意说，拍一个什么什么戏不是我演的，但是你天一部戏耽误过去了，两天耽误过去了，你这十年哪一部戏你都不愿意说，是不是这个演员不自信，是不是觉得演这个戏不够好，敢说的就是证明你自已付出了，你觉得演的你觉得很好，所以才会跟大家一起分享。

田　歌：我觉得在你心目中的好演员就是王宝强是吧?

王宝强：不是不是，当然很多是知道吧，《板凳》里面包括张子风、陶虹姐这都不用说了，包括里面演挂刀肉演奥而雄的，就是配角里面你真正能看，可能以前的戏你们不知道，但是经过这部戏你肯定会认识他，绝对会留下很深的印象。

田　歌：宝强的成功，真的是从草根到大明星，其实他个人的成功就是一部励志的影片，所以我有的时候也想问问宝强你还有机会路过北影吗?如果你还看到跟你一样站在北影的哪些人，你是在想什么，你是觉得不堪回首，还是想起来的，还是想下去和他们交流交流分享分享?

王宝强：北影厂这几年我还是经常路过的，因为有时候去做后期各方面都是在北京电影制片厂的附近，所以挺近的，每次从那儿路过真的看到自己的影子，当初就在某某一个地方耗着蹲着。可以说非常能理解那些人的心情，他们的想法真的不是说太高的要求，真的希望自己有一天可以拥有一个角色，在电视上能看到自己，让自己的父母、亲戚朋友能看到自己露脸，那种开心各方面是你替代不来的，并不是说你拿钱内买来那种开心，就是说那种骄傲和自豪，真的想让父母看了为他自己高兴，但是确确实实看到他们那种我心里有时候也挺难过，看到他们都挺执着的在那个地方，为了寻求自己的梦想，但是我真的可以告诉他们，其实我王宝强就是从那个一步一步走过来的，你看到过也许从我身上看到他们实现了他们心目中的梦想，就是说这个事情梦想成真是真的，它不是说一个词语，有这样的事有这样的人，但是我希望他们每一个人都能实现自己的梦想，我王宝强做得不是最好，我希望他们可以做得更好。

徐静蕾

多重身份演绎别样人生

田歌印象

我喜欢徐静蕾这种知性又不失“接地气儿”的女孩，有思想，有能力，有魅力，有才华，尽管她是率真的北京丫头，她的贫劲儿和痞劲儿无时无刻不在显露，但她的个性和气质又时刻在表现着自己的独一无二。

在化妆间见到徐静蕾的第一眼，有种眼前一亮的感觉，淡淡的妆容，甚至连眼线都没有化，只是涂抹了淡淡一层睫毛膏，身材依然高挑，编导说：“老徐，你瘦了好多！”徐静蕾很惊讶的回答我：“不可能，我的肉全在这儿藏着呢！”说着便拍着自己的肚子，继续贫嘴说：“我有一姐们儿，怀孕四个月了，上次我见到她，我俩肚子一比差不多！”于是化妆间里一阵大笑。我顿时感觉，这位女演员、女导演好不遮掩，怪不得有那么多人喜欢她的性格，哪怕她的作品充满浓浓的文艺范儿，也显得那么自由自在，不做作、不遮掩、不强求。

我不担心会过气

田　歌：大家喜欢徐静蕾，除了喜欢她的知性，喜欢她的坦荡自然。徐静蕾真正走进千家万户的是《一场风花雪月的事》，你现在要是回头看这部作品，你觉得你在表现上你最满意和不满意的是什么？

徐静蕾：其实我最满意的是当时的那种声色。

田　歌：自己的那个状态？

徐静蕾：对，现在有时候演的多了有一点会演了，然后那个时候其实完全是不会演，我觉得那种状态实际上是非常宝贵的，当然虽然我自己看的时候简直觉得没法看。

田　歌：是吗？

徐静蕾：因为自己看自己，尤其是第一次看，我觉得你可能也有这样的经历，你觉得你生活中是这样，但是一上银幕以后你发现是那样，怎么都不顺眼。但是现在看起来就觉得那个时候那种声色就像我现在看第一个我拍的第一个电影《我和爸爸》一样，虽然手法上都很生，但是非常真挚，我觉得表演上也是这样。

田　歌：一下让你大红大紫的就是《将爱情进行到底》，一下你就成了万千少年少女心中的偶像了，那个时候你有什么感觉？

徐静蕾：我觉得挺慌的。

田　歌：真的？

徐静蕾：因为我们小时候都是有自己的偶像的，当然那些科学家就不说了，小时候我喜欢谭咏麟，忽然人家说也挺喜欢你的什么的，忽然有点换不过来这个位置，可能一个作品人家就喜欢。可能人家喜欢的是文慧不一定是徐静蕾，喜欢的是悦悦或者什么。

田　歌：你觉得成为偶像以后你觉得你遇到过什么尴尬的事吗？

徐静蕾：我不觉得自己是偶像，偶像平常应该怎么生活，应该睡觉？怎么起床？怎么上厕所？这劲没法拿。所以偶像不偶像就像其他的名字都是人家称谓的，人家一种说法自己不会觉得自己，那我就变成我自己特讨厌的那种。

田　歌：所以说她说有一颗平和的心，女演员的清醒很重要，现在人们谈到徐静蕾就觉得她很有人气，一个新的形象，但是现在实际上我知道在这个圈里可能最怕的就是过气这两个字，你会想过这两个字吗？

徐静蕾：因为人都会过气的，这是不可避免的，因为我们小时候也喜欢过一些演员，甚至国际上，所谓演员说难听点是过气，实际上人家回归到自己生活当中去了，不见得是一件坏事可能反而是好事，所以这个所谓的过气是每一个演员的必经之路，既然是必须要发生的事情你为什么要担心呢？就像老，因为我担心我就不老了吗？这是不可能的，你再担心你也会到60岁、70岁、80岁，你担心的可能是到60岁生什么病了，那个可能更担心一些。

田　歌：你身上最大的优势是什么？

徐静蕾：我觉得我是一个善于学习的人。比如说你给我一个剪接的软件我两个小时就可以学会。

【田歌谈艺录】一个演员的艺术生命周期有长有短，还是顺其自然的好。“过气”了就不要去争那最后一口气，不然那该多累呀？不讲“华丽转身”吗？正好有机会过第二次人生。人都想有重生的机会，谁能得到呢？“过气”就给你提供了这种重生的机会，用一辈子去过两辈子的生活，何乐而不为呢？

←

田　歌：兴趣特大。

徐静蕾：其实我很多都不会，但我学东西学得很快，都是在做的当中学习的，包括拍电影我上电影学院我也不是学导演的，我通过一部戏的前几天我就可以慢慢学习到，当然这个是一个很长的学习过程。再就是我是上手比较快，比如说我自己会研究那个Photoshop，前天我再教我爸各种图层这个那个的，其实学东西还是很有成就感的，从不会到会一点。

田　歌：从你是一个既动脑又动手的人。

徐静蕾：对，我动手能力还比较强。

田　歌：很多人可能对未来，对自己的前景有很多的想法，但是他只停留在想上。

徐静蕾：对，那个就等于没有，等于没有想。

田　歌：就是做好了，你不要考虑它成功不成功。

徐静蕾：对，因为实际上你过程当中碰到的经验和教育是最大的财富，而不是成功本身，因为成功有的时候别人给你的，但是本事是自己的，而且一辈子都是自己的，比如说一个奖它是此一时彼一时。比如说你得了一个奖或者你得到一笔钱其实那个都是会没有的，只有你身上的本事是谁也拿不走的，是你永远在身上的。

田　歌：青年时候的徐静蕾在我们大家心目中的形象我们都知道了，你希望晚年的徐静蕾是什么样的呢？

徐静蕾：我希望我情绪更平稳，然后更不容易急躁和没有耐心，还愿意学点这个学点那个，因为我那个时候在纽约大学上英语课的时候，就有一个差不多快70岁的韩国老先生在学英文。我当时看了我就觉得很感动，他就是一个人到了70岁从韩国专门飞到纽约来，把自己的工作都交给儿女，然后一个人来学英语，其实他能拿英语做什么，他没有什么特别现实的目的了，但是他很高兴也特别认真，每次回答问题之前都拿小本写半天，然后拿一个小本举手，其实当时我就觉得如果我年纪大了还有他这种心态还跟小朋友一起上一个课选一个完全没有用的东西，我觉得那个我就觉得很满足了。

田　歌：有的时候学习也是一种享受。

徐静蕾：对。

微型狂躁的导演

田　歌：你觉得是当演员好，还是当导演好。

徐静蕾：当导演在现场比较好。解决在现场和在做剧本的时候比较活，因为你可以自己想一个故事，然后把它实现，那个成就感是相当大的，可是做演员就是后面宣传比较好，比如说我过来跟你聊聊天，跟观众讲讲这个电影是什么样子，不用有什么压力，不会有什么票房压力，宣传压力，都在导演身上。所以当演员就是宣传的时候比较轻松，来给大家讲讲什么故事就完了，不用一会儿像杜拉拉那时候一出门就要想说，然后什么路牌广告要多少个？什么什么那些，那种真的是挺累的。

田　歌：太繁杂了，压力。

徐静蕾：但是当导演就是在现场会比较开心，就从做剧本开始，到现场，包括到剪片子都很开心。

田　歌：所以特别奇怪，我觉得那个时候你是应该瘦的，对吧，结果那个时候你比现在胖。

徐静蕾：可能就是人有压力的时候就会不停地吃东西。

田　歌：我有这种感觉，你有压力的时候，其实吃是一种释放。

徐静蕾：我在现场，就觉得我嘴就一直都不停，就各种吃的就往嘴里塞，其实自己都没意识，可能就是紧张的时候就反而。

田　歌：其实是一种，我觉得是一种微型狂躁。

徐静蕾：对对对，是。

田　歌：但是我一直认为导演是一个毁女人的职业，他会让这个导演老的很快，他太操心了，而且他会让这个导演的气质变得很强悍，你觉得这两点对你有多大的影响？

徐静蕾：没影响。

田　歌：怎么做到的？

徐静蕾：首先我不觉得女导演就一定是男人婆才能当女导演，我有我的方式来跟人家沟通，我不一定每天都掐着腰那种，那个不舒服，我还是希望现场的环境大家一起工作，开开心心的，因为你开心也是工作，不开心也是工作，所以我愿意在现场跟大家一起开玩笑，胡说八道那种，我觉得创作气氛会比较好。

→

【田歌谈艺录】最聪明的“女领导”绝不是去装男人婆、女强人。女性有女性的优势和凝聚力。把自己的优势去掉，去装一个强势的人，是会让大家反感的。导演不是戏中的角色，角色可以去“装”，导演是要解决问题的，是要把大家给调动起来，凝聚起来。心情好不好干出来的活，成色肯定是不一样的。

田　歌：你觉得在一个剧组里当导演，善解人意给你带来过优势吗？你会不会有时候误解他们了？

徐静蕾：不大会，其实善解人意也是要经过一定时间，可能像我们以前做演员说实在都是被宠坏的，所有的事情都是要跟别人沟通什么的，做导演不一样，你要主动的跟其他的工作人员沟通，这个时候沟通能力确实需要加强。

田　歌：应该说是很多演员，可能会羡慕，你从从演员转身到导演，而且每部片子都还卖得也不错，影响力也很好，应该是大家都很求之不得的。

徐静蕾：也没有，有的人他可能就不想走导演这条路，我觉得每个人对自己的期望不一样。

田　歌：或者是就是说所有走的吧，就走的人也希望能有你这样的状态，但是其实当事者可能他也是在一个纠结状态，或者是疲劳状态，或者是那个抑郁状态，或者是甚至有一些瓶颈状态，我不知道你是在一个什么样的状态里？

徐静蕾：我不太抑郁，我会焦虑，我不太是那种特抑郁的人，但是我会很容易焦虑，就是比如说当导演对我有一个变化，就是我变成一个特别啰嗦的人，就是一件事情老想，要反复说，就是要他千万别忘了，就比如说经常会问一句话说，我说明白我的意思了吗？就是你要准确的传达你的想法给别人。

田　歌：特别操心。

徐静蕾：对，然后事情因为如果稍微一听岔了，或者什么了，就要浪费很长的时间，又要重新来过，所以以前我觉得我是一个不啰嗦的人，话不多的人，我觉得自从做导演以后，我就特啰嗦，我自己有时候都觉得我在重复同样的话，重复好多遍。

田　歌：因为你要操这份心，因为你不放心啊。

徐静蕾：对，你要承担责任其实说白了。

田　歌：其实就是牵扯到人的问题了，合作者的问题了。

徐静蕾：对，是。

田　歌：是吧，所以有的时候如果你觉得你不需要讨这个心你就不用说了。

徐静蕾：对，其实做导演之后，责任感会比以前强，因为以前你就不需要对别人负责任。只对自己家里面人负点责任，然后对自己负责任。

田　歌：对自己的身体负责任就行了。

徐静蕾：对对对，那不一样。

田　歌：所以有一句话是这么说，工作实际上就是责任。

徐静蕾：对。

田　歌：还有人说，什么是人才？有责任心的人就是人才。我不知道你觉得呢？

徐静蕾：我觉得说得很对。说得很对。

田　歌：很对，但是你如果碰到你的合作者，他也，你会不会碰到这样的人，你一再一再地说，他还是负不起这个责任。

徐静蕾：那就不要在一起工作了呀，那就会，那两个人都会疯，就是谁互相都会把对方逼疯的，所以，因为现在大家都可以有各种选择嘛。因为工作我觉得跟，有时候跟谈恋爱也一样，你还是得找到对的合作的人，不然的话会绕很大的圈子。

向往没有约束的生活

田　歌：你刚才说其实合作者就跟恋爱对象一样，就要找到对的人，你觉得在恋爱上更容易找到对的人，还是在工作上更工作更容易找到对的人。

徐静蕾：那当然是工作容易找到对的人。

田　歌：真的吗？我觉得恋爱容易找到对的人，因为你只要和一个人对就行了，你说你这个工作你得要跟多少个人对呀。

徐静蕾：谈恋爱的话那个不一样，谈恋爱你是找一个你要走一辈子跟你在一起的人。可是工作可能是某个项目，比如这个项目我们俩合作比较合适，下个项目可能是跟另外的人合作比较合适。然后相对来说有什么问题也可以在短期之内解决，然后就走开了嘛，就是大家各奔各的新的生活就去了，可是谈恋爱你不管说是结果怎么样，可是你至少你当时是为了说我

徐静蕾在谈话节目现场

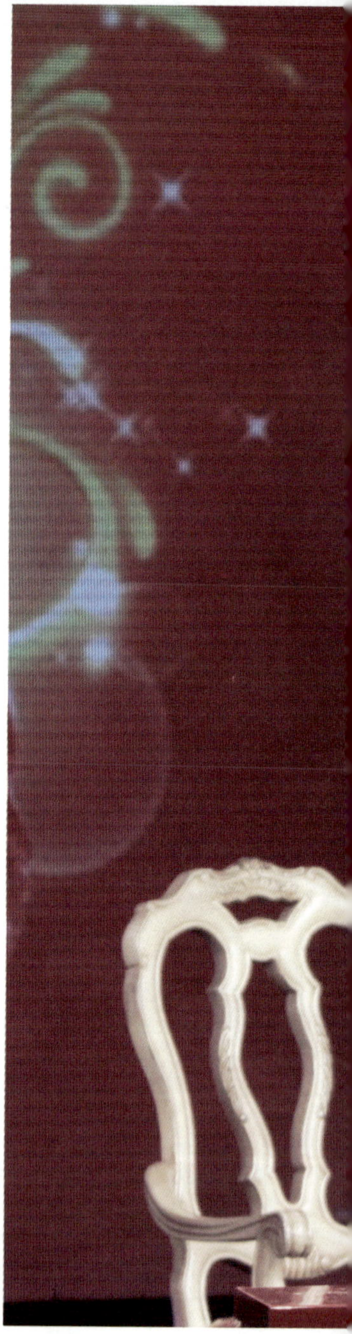

徐静蕾在现场包饺子

想跟这个人走过一生，你才会这样，那这个时候就会比较挑剔吧！

田　歌：过一生一世。

徐静蕾：我觉得是这样。

田　歌：那你到现在没有结婚是因为还没有找到对的人吗？

徐静蕾：我觉得找到对的人，但是我觉得未必结婚。这是我的观念是可能跟大家有点不太一样的地方。因为我从小也没有这种压力……我父母连我都觉得很奇怪，就是我爸天天跟我聊什么，他怎么说，如果人没有事业的话，人生就没有意义了。可是他从来不会说，如果你不结婚你的人生就没有意义。

田　歌：难道你父亲现在还是这样的想法吗？

徐静蕾：对呀，前些日子，他跟我聊的第一番谈话就是，人如果没有事业，生活就没有意义。后来我就说你也太奇怪了，哪有你这样的爸，人家的爸都是说你怎么还不结婚，还不结婚，还不生孩子，对。他就是没有，完全没有。

田　歌：你爸爸妈妈我倒不知道，作为你，你觉得你的这种观点会变吗？

徐静蕾：以后会不会变，我真的不知道，就是因为可能就是一个人，我现在成什么样，都跟我的教育成长是有关系的，如果我爸爸妈妈是一个每天在说结婚结婚结婚的人，我可能也觉得我是不是应该，但是我从小没有生活在这种气氛里面。

田　歌：可是你看你生活和这个工作的圈子。

徐静蕾：我就觉得我没结婚我也没耽误任何事情啊。

田　歌：你最起码耽误了一个，到现在还没孩子呀。

徐静蕾：孩子，我现在不想要小孩，暂时不想要。可能过几年再说。

田　歌：因为你看你这个圈的同行吧，一会儿她结婚了，一会儿她生孩子了，一会儿她又怎么怎么样了。

徐静蕾：我很替她们高兴，但是不意味着我也要这样。

田　歌：对，而且我就觉得现在，你知道我看完以后我是什么感觉吗？因为我现在这个演艺圈的年轻姑娘真是挺现实的，就是说很知道在一个什么样的时间段把这个任务完成。

徐静蕾：我觉得可能还不是现实，就是每个人对生活的这种憧憬可能不一样。有的人就是觉得婚姻是自己的一个很重要的憧憬，比如说穿一个婚纱，然后办一个婚礼，就是很浪漫，很怎么样，可是我不这么觉得，就我对那个东西没有憧憬，也没有什么特别大的向往。

田　歌：那你最美好的憧憬和向往是什么呢？

徐静蕾：我觉得就自由的快乐的生活，就是没有约束的生活。

田　歌：自然的活着。

徐静蕾：就是，我有时候会觉得，因为我旁边也会看到一些结婚的人，我会觉得婚姻有一个问题，就是出问题都通常在什么地方，就是理所当然四个字。理所当然就是你结了婚以后，好像你对我好也是理所当然，你照顾我也是理所当然，就是我对你，可能脾气不好一点，或者什么样也是理所当然，就是我觉得这是婚姻的一个小问题，就是就我看到的，就好像觉得都是应该的，那谈恋爱的大家就觉得，你对我一点我觉得这个人真好。好甜蜜那种。

反正就是这样吧，就是生活中没有惊喜了，好像什么都是应该的，所以这个可能是我对婚姻稍微有一定迟疑，或者是什么的一个原因，但是我也不愿意，我也是一个不婚主义者，我是觉得第一我不需要婚姻给我建立安全感，我也不会觉得我不结婚会很孤独，就是因为很多人会觉得说，你将来没有一个人陪你，你会很孤独，那可能是问题是，人最终都是要孤独的，你就算在一起，夫妻很长时间，你总是要有自己的世界，所以我觉得那些问题对我来说都不是问题。我也没有说，想这两年就要小孩。

田　歌：那会不会当你想要小孩的时候，那个对的人，还不在。那你会当未婚妈妈吗？

徐静蕾：我不知道，真的不知道。我可能是就是我刚才说到过年的时候，我们家就不是一个很拘礼的人，其实也没有人给我这种压力，我也不认为有什么事情是必须的。就好像必须必须怎么怎么样，所以我不知道我也不太会使劲地想这个问题。因为我是觉得它如果要发生了，可能自然就发生了。我不强求自己做任何决定或者怎样。但是总的来说我觉得现在这样就挺好的。我反而有一种感觉就是我不希望改变，因为我现在很好，就好像你知道就是。

老徐的择偶标准

田　歌：我觉得你是属于那种可能事业上很善于想。然后也很善于规划，更善于执行。

徐静蕾：我觉得我最善于的实际上是执行。

田　歌：可是生活中你就不善于规划了。

徐静蕾：因为我觉得规划就是工作才规划，生活规划就没有失去的那个生活那种很休闲很自在的那种意义了。

田　歌：生活是需要规划的，好多人专门叫女孩规划。

徐静蕾：我不规划。我是觉得走一步看一步，就规划半天没用啊，瞎规划，浪费时间，还不如每天过得开心，你自然就开心了。

田　歌：显然最难的事，还是找到对的那一半。

徐静蕾：相对来说比较难吧，但是每次你都要觉得那个是对的，但是后来哪又不对了，就不知道了。

田　歌：每次你都觉得对，那会不会一次一次的觉得，就没有信心了。

徐静蕾：不会不会，完全不会。

田　歌：其实人家说你不要找一个对的人，你也不要找一个懂你的人，太难了，哪有第二个类似于徐静蕾的人，你就找一个爱你的人，给你一个温馨的家。

徐静蕾：那也太多了吧，我到底找谁呀。

田　歌：你这自我感觉也太好了。不是，你得找一个特别宽广的胸怀，然后你在他那胸怀里，想拥有就拥有，想飞翔就飞翔。

徐静蕾：我觉得宽广的胸怀实际上是真的非常重要的。因为我特怕小心眼。其实未必是说，所谓对的人未必是说，他有多好的条件，或者他怎样，比如说我喜欢什么样的人，我就喜欢那种心理特别放松的人。因为我经常会，因为工作有一些焦虑，有一些烦躁或者是。我喜欢那种心理非常阳光的人，就是他哪怕他不求上进，我觉得都无所谓，就是所谓市面上说的上进，我觉得都没关系，我是希望他放松，很阳光，就是很开心。哪怕傻开心我觉得，我觉得对我来说是一个补充。

田　歌：能够感染你的。

徐静蕾：对，能感染我，我觉得这个对我来说特别重要。

田　歌：那你不需要一个可以你发出询问给你一个答案的人。

徐静蕾：我不需要，我又不是找老师，而且我有很多朋友是我的老师，我可以去问他们，我不用，因为我觉得生活就是，当然跟我的状况有关系。就是我工作，完了生活。那我工作的时候是工作，回家我是希望很轻松的，很放松的，咱别再聊什么成不成功，哪件事什么票房怎么样，什么什么，就我不爱听那个，就愿意说咱们吃点什么，哪的饺子特别好吃，哪的什么意大利菜好吃，然后哪的超市物品特别丰富，然后我就觉得那样就很开心。

田　歌：可是你相爱的人总出现在你工作的场合里呀。

徐静蕾：什么叫总出现，什么叫总出现呢？

田　歌：为什么大家笑，实际上我的意思就是说你如果真的在工作中认识的话……

徐静蕾：因为工作认识的确实，接触的比较多。

田　歌：对，然后就是你肯定是首先有共同语言，然后你才会在他身上发现那种阳光的特质。

徐静蕾：我觉得所谓共同语言实际上是一个价值观，就是基本价值观相似就行了，不用说比如说你也爱打电动，我也打电动，然后你爱看画展，我也要看画展，然后你看这种类型的电影，我也要爱看，我觉得那个真的未必要一样。

田　歌：那是爱好统一。

徐静蕾：其实是一个基本就是你对对生活是什么看法，然后包括一些基本的品质，就是会不会太小气，不会太随意，会不会太爱管别人什么的，我觉得是那种。

田　歌：我觉得你这句话我是特别同意，这个价值观。我原来无数次听别人说过，你找对象实际是找一个爱人，找生活的那一面，是找到一个价值观相投的人，你觉得对，但是你真的没有有切身感受，你要找到有切身感受你才发现这个价值观，一致太重要了。

徐静蕾：对。

田　歌：刚才说的那些都是爱好一样，那不重要。

徐静蕾：对，其实爱好真的不一样，而且我觉得说反而说两个人有不同的爱好挺好的，因为你会试试说，会接触一些新的东西，比如说我喜欢这个，他喜欢那个，那我就会想说，那有什么意思的，就是怎么那么好玩呢？那我也去可能去接触一个新的，反而让你的世界变得更宽，可能对对方来说，也会是这样。如果大家都喜欢一样的，那永远就陷入在这一件事上，反而没有什么开拓。

田　歌：你刚才说你怕碰到比如说一个特抠门的男的，比如说特猜忌的小心眼的。

徐静蕾：抠门我觉得那个是小事，我觉得猜忌是非常可怕的。

田　歌：你都遇到过吗？

徐静蕾：我看到我朋友过有这样的。

田　歌：总体上，就是其实男人身上你最不能容忍的问题。

徐静蕾：其实不能容忍的还是挺多的，特别大声说话的人我也不喜欢，然后特别猜疑的肯定是不喜欢，然后管着我的我也不喜欢，脾气不好的我也不喜欢，太严肃和认真的人其实我也有点害怕，因为我爸是这样的人，我发誓我不找我爸这样的人。然后像我妈又有一点就是怎么说，山东人，太那个太心直口快。

田　歌：也不行。

徐静蕾：我觉得山东人有一个特点就是说，说一句话可能有十种二十种方式，他一定要拣那个最不让人不爱听的方式说，这个我觉得在我自己的生活中，我也想我要注意这个问题，因为我是她女儿，我肯定也这样。就嘴里没好话，尤其是北京人更是这样。真的嘴里没好话，你比如说我同学见面都是什么？要搁不熟的人都翻脸了。就是一见面就说这是你啊，都胖得我都认不出来了，就是大家说话的方式都是互相挤兑的。

田　歌：对，你上次在我的节目里就说过，同样的话换南方人是这样说，换个北京的女孩可能就那样说了。

徐静蕾：我朋友圈里面有一个南方人，就是上海的女孩，就经常就不高兴了。

田　歌：总体来说，我觉得徐静蕾就是说反正我记得不一定准确了，你说其实有思想的女性是一种难得的另外一种性感，大概是这个意思。

徐静蕾：没有没有，我不说这么复杂、这么深奥的话。什么有思想，没思想，我觉得全是相对的，真的，你说我有什么思想，但我比那完全不想的，我还是多少有点思想，就是相对的。

田　歌：其实你刚才你要求的这个哪条是错的，哪条要求的都是合理的，反正在我眼里，那可不是要这样吗？就得是这样，但是可能在别人听完就会觉得你要求真高。

徐静蕾：我要求高吗？是吧？一点都不高，我对学历没有要求，对挣多少钱没有多少要求。

田　歌：个头。

徐静蕾：个头其实也没要求，就别太矮了。但是真碰上说这个人特好的，那就矮就矮点吧，也无所谓，因为主要是我无所谓，但是人家心理别自己觉得有所谓就行。

田　歌：我相信，这些东西都是在你没有遇到的时候这些都是条条框框的，但你遇到你觉得对的，或者是喜欢的这些东西都是其次。

→

【田歌谈艺录】婚姻先别奢谈什么附加条件和标准了，如果一定要有，就是一条：遇到一个能“打倒”你的人。这和再挑剔、再大牌的星，也逃不过一个能“打倒”他的角色一样。

徐静蕾：所有标准就都浮云了。

田　歌：对对对，而且你会在他身上，潜意识的挖掘出很多你觉得他还有这么多的优点。

徐静蕾：是会这样的。

陆毅

偶像派中的实力派

田歌印象

陆毅是个阳光帅小伙，他曾经说，如果一个演员要是长得丑别人就会忽略他的长相，说他是实力派的。如果一个演员要是长相出众，人们就忽略了他的演技说他是偶像派的。现场的谈话我也感受到陆毅的苦衷，作为一个男演员，作为一个长相出众的男演员，他在演艺事业上很踏实，很刻苦，但就是摆脱不了大家对他偶像明星的认识。

在他刚出道时，表扬、批评如影随形，陆毅一度陷入困惑，网上甚至传言陆毅深夜买醉甚至自残。而今，走过了自己而立之年的陆毅，多了几分成熟和稳重，淡定和自信。在经历了岁月的磨砺之后，这位帅小伙怎么看待偶像和实力呢？

演艺生涯的起伏与反思

田歌：其实谈到陆毅，我们真的不能不谈到他的那些表演，因为我的年龄比你们大，你演的电影我都看过了，我印象最深的就是《泉水叮咚》。

陆毅：对，那是我最早的一部电影。

田歌：我们谈到表演，肯定要回顾你的这个作品，咱们来看一下。其实我们都知道陆毅是上海戏剧学院毕业的，毕业以后，你就分到上海儿艺了。

陆毅：我是分的上海人艺。

田歌：人艺，那是你在上海儿艺工作过吗？

陆毅：我上海儿艺毕业，然后去考的上海戏剧学院，然后上海戏剧学院毕业，再进的人艺。

田歌：先去的儿艺，对，嘲笑我了，我错了，但是我想问的是，因为我有好多朋友，他们都是儿艺的演员，所有在儿艺当演员的人，经常会被我们嘲讽，因为也很熟的嘛，说你不是演大萝卜，就是演大老虎，在儿艺当演员确实很需要一种职业精神，我就想了半天，我都想像不出来，你能演什么，大老虎不太合适，演房子也不合适。

陆毅：树啊，桌子啊，我都演过。

田歌：在他们没做好准备的时候，你跟我们说说，要演树的话，怎么才能把树演活呢？

陆毅：一般演树就是找个子比较高的人，手比较长，站在那儿能站个半小时不动的，就是我。

田歌：你演过几棵大树?

陆毅：大树演过一棵，那时候因为大树在给小孩看，都是说是一种智慧的象征，长寿啊，就是大胡子，有时候还拄个拐棍，还演过一些其他的角色。

田歌：是不是那个时候就觉得不行，我觉得太压抑了，我一定要崭露头角，我不能永远在塑造一棵大树，所以就离开儿艺了?

陆毅：有这种想法，也可能是我比较早熟吧，我儿艺毕业那年是18岁，18岁再让我去装可爱，演个小孩，我自己觉得有些不太习惯，所以那时候正好是我跟杨亚洲导演拍了一部叫学《血色童心》，所以杨亚洲导演那时候就建议我说，你应该是继续学表演，继续学下去，但是要怎么学呢，不是待在儿艺，而是要去考更高的学校，他建议我去考，然后我就去考了。

田歌：在儿艺当演员，实际上是挺培养演员的职业道德的，是吧?哪个演员不想崭露头角，可是要在儿艺，无论你是60岁，你是70岁，你要演大树，你要演小老虎，你要演小兔子，你都得有那种童真，挺不容易的。当然我们的陆毅今天已经走到荧屏上了，我们还是再接着看刚才那个《泉水叮咚》。

陆毅：我非常谢谢你们把这些剪出来给我看，因为我在那个戏里面，一共也就这么多镜头。因为小时候那个戏等于是演了个大配角，也没有什么主要的台词。

田歌：大配角，我看就那么唱一下。

陆毅：对，一共就那么点儿镜头。

田歌：不过那就真正的是小童星了，然后又演了成人的作品，就是杨亚洲的那个吗，《血色童心》，对，还有呢?

陆毅：之后就是《永不瞑目》。

田歌：《永不瞑目》，大家简直是喜欢极了，尤其是女孩，如痴如醉。我想大家喜欢你，可能就是因为这个肖童的这个形象，非常的深入人心，那么热情，那么青春，还对爱情那么忠贞，对。但是这个之后很久，你可能也演了很多角色，但是就没有引起特别的轰动或者是关注，相反的看到的却是网上的一些传说，说你好像演艺事业跌到了低谷，非常苦闷，甚至是自残。

陆毅：确实有一段时间，就是到了那种瓶颈期，不知道自己又想跟以前有一个告别，就是说跟以前有些区别的东西，能够展现给大家，但是一直就没等到这种机会，所以那时候自己比较苦闷，说到自残，没那么可怕，最多也就喝喝酒，借酒消愁有过。

【田歌谈艺录】如果说生活需要有面对的勇气，那么一个演员也许需要面对的会更多，而且是需要坦然、泰然的面对。许多的时候是不可勉强的，找不到灵感的时候，就停一段时间，也许不是坏事，不要怕低谷的来临，就当是一个盘整的机会。当重新进入的时候，也许会有出人意料的效应出现。文武之道，一张一弛，演艺又何尝不是如此呢？

←

田歌：会借酒消愁啊？对。那个时候就铺垫了演后来《苏东坡》的基础了。

陆毅：尤其是在那一年的时候，我就选择了离开这个圈子。

田歌：离开这个圈子？

陆毅：对，我有一年的时间没有跟娱乐圈任何工作有任何关系，就是完完全全过了一种平民的生活。

田歌：也没有塑造角色了？

陆毅：也没有。

田歌：那这一年对你来说是不是很重要？

陆毅：很重要，这一年我过的很开心，让我的心态平静了很多，好像是一下子成熟了。然后那一年呢，我结婚了。那年结婚，然后那一年就是通过那一年，我忽然又找到了以前对于表演的一种热情，所以从那一年以后，我就是1996年开始，接拍《大槐树》、《家》、《安娜与安娜》、《夜幕下的哈尔滨》、《苏东坡》，一直到现在《我的青春谁做主》，马不停蹄，没停过。

田歌：是吗？就是一年的休息让你反思，反而更有信心了。其实演员是不是都，尤其是一夜成名的演员，最容易陷入一个低谷？

陆毅：别人我不知道，反正我已经经过了。

田歌：看看怎么振作起来，这确实不是一件容易的事了，但是我看过你演的那个《浮华背后》，那个是什么时候演的？

陆毅：那个是在2002年的时候拍的。

田歌：那是在你那个痛苦的阶段？

陆毅：没有，那是之前。

田歌：之前，对，但是那个角色让我感觉就是陆毅，这个演员叫陆毅，而不是说陆毅，原来我看什么，反正就是陆毅了，但是突然间我觉得，陆毅好厉害，他好让我意外，我觉得你完全是可以塑造另外一个人物的，因为在那个戏里，你有一个比较接近你的形象的，还有一个就是很粗的，很黑黑的一个汉子，那个是你在有意的挑战自己吗？

陆毅：对，那部戏的导演是汪俊导演，之前合作过《像雾像雨又像风》，他当时找我演这个角色的时候说，前后两个人，你要么演前面，要么演后面，然后我看完剧本之后说，我说演前面也没意思，演后面也没意思，我说只有让我一个人从头演到尾，然后就是最主要的那个问题就出在造型上，就前后的差别，然后就是前面是长头发，染了黄黄的，然后全部剪短，剪成那么短，然后画一点儿胡子，眼睛弄的黑黑的，深深的，然后那时候还特地就是要跟以前不一样，就是瘦了好多下来，去演了后面那个。

田歌：其实导演当时根本就没有想到，根本就没想让你演两个角色。

陆毅：对，导演想说就想着前后一定要让人认为是两个人，那就让两个人来演。

田歌：那他怎么能够信任你呢？

陆毅：就是化妆方面用了很多的方法去尝试。

田歌：我给大家热烈推荐这部片子，我也希望大家电视机前更多的观众也能够分享你的这段表演，你是演了一个干部的孩子？

陆毅：对，等于是宋春丽老师演我妈妈，戏里的故事情节就是我整完容之后，不能告诉她我是她儿子，但是我要想办法让她知道，就是我知道她是我妈，她不知道我是她儿子，有点儿乱。

田歌：这是很考验表演的，实际上就是一个骄狂任性的干部子弟，可能有一些不轨的行为以后，把自己的母亲也带入了大狱，然后自己有一种忏悔之心，又有一种想解脱的这种感受，其实我觉得这段表演，确实让我觉得就在那个时候觉得陆毅这个演员叫陆毅，不是说我在看陆毅，按道理说，我觉得这个表演应该播出之后，应该有非常积极的如潮水好评，而且我认为你事业在那个时候就更容易更上一层楼，怎么又走向低谷了？

陆毅：因为这部戏确实我自己觉得从自己表演各方面来说，花了很大的力气，包括我自己看片子都挺感动的，但是由于各方面原因吧，播出的渠道，宣传各方面，就是没有达到预期的效果，所以那时候我觉得自己的努力好像心里挺窝火的，有种感觉。

→

田歌：也是觉得窝火？对。那也没有人表扬，有没有人批评呢？

陆毅：没有人批评，表扬的也有，但是很少。因为当时这个片子没有好像全国很普及的播。

田歌：就是说一个演员在这个时候，如果我的演出，我费了很多的努力，没有给予我积极的公正的评价，也会被挫伤吧？

陆毅：会，因为每个人工作付出自己的心血之后，首先希望得到大家的肯定，尤其是当时可能是我的期望值比较高，然后大家没有肯定的时候，我一下觉得好灰心啊。

田歌：演员那个时候也挺脆弱的，对，然后就赶紧我离开这个圈子，对

陆毅：然后就是之后确实也拍了一些戏，但是就是从各方面来说，都没有那个时候的状态那么好了。

【田歌谈艺录】市场有自己的法则，它绝对不会对所有的进入者都给以同等的回报。有的人获得了超额的利润，有的人打个平手，有的人血本无归。演艺事业也是如此，尽管“窝火”的事总会有，那就当他是一种磨砺吧。许多事是我们无法自主的，只要不是因为自己没努力，自己的疏忽，自己的鞭长莫及而造成的，那就无所谓，宠辱不惊，成败无悔。

偶像派还是实力派？

田歌：应该说这个《浮华背后》，让我看到是一个完全是有实力的演员，但是当时确实我心中其实也挺有担忧的，就是因为你老和赵宝刚合作的，是赵宝刚推出来的演员，他推出来的男演员都是青春的，偶像的，有一些小资的，而且好像只要他用的演员，或者他的戏就能火，有可能你们就会很依赖他，但是会不会就是因为老是在他的戏里演这些角色的话，你的演技反而被他的风格给桎梏了？

陆毅：说到这个，我现在又在跟赵宝刚导演一起合作。

田歌：什么呀？

陆毅：《我的青春谁做主》，这是跟赵导第五次合作了。

田歌：又演一个什么角色呢？

陆毅：这个角色跟以前变化挺大的，心地善良的杀人犯。

田歌：一个很复杂的人物。

陆毅：很复杂的人物，由于自己的过失把别人推下河，但是自己没有去投案，是冤枉了另外一个人，然后另外一个人坐了十几年的牢，在这十几年坐牢当中，我就变成一个很成功的商人，变成商人之后呢，一直是良心在谴责自己，最后是去自首了。

田歌：你跟赵宝刚在合作的过程中，你们会不会也在努力地使自己的风格有所改变，也会这是一个追求。

陆毅：有过，因为我觉得跟熟悉的导演合作，我经常跟熟悉的导演合作，跟熟悉的导演合作有个好处，就是相互之间非常了解，导演在筹备这个戏的时候，看到这个人物，他觉得陆毅这个人物，他能演好，就让他叫来，就是

陆毅在节目现场演示做菜

这样的，我觉得是导演对演员的一种信任。

田歌：纵观你的表演，你塑造的一个又一个的银幕形象，其实我能够感觉到，你的那个创作的心路历程，就是一个演员，一个男演员，努力要让自己从偶像派变成实力派，并且证明自己是实力派，但是我又觉得在你身上有一种矛盾的现象，就是说你的所有的推广，都是偶像派的推广，但是你实际上又在努力想变实力派。你发现吗，实力派演员很少去见诸报端，即使见诸报端，也都是一些拍摄消息，就不像你，什么今天结婚了，明天要生孩子了，后天又鉴别胎儿性别了，反正种种吧，你们这个是怎么考虑的呀？

陆毅：因为我觉得有一点难在哪儿呢，其实我年龄已经到了这个年龄，但是可能长的比较年轻吧，就是从外界对我的了解也好，包括从外形上跟以前的变化，不是很大，所以说我既然不能改变我的外形，我只能去通过我演一个角色，来让大家对我有新的认识。

田歌：还有，是不是你身边有众多的影迷，在座的这些，全是一见到你就要疯的这些女孩。

陆毅：因为我身边确实有很多非常好的影迷，我觉得他们有很多都是跟我这几年一起成长过来的，也能看到我影迷之间他们在慢慢成熟。

田歌：那比如说像现在你看我们这个上面，登出你的照片，这是你和你那个爱人的照片，很风花雪月的照片，你就不怕伤了这些女影迷的心啊？

陆毅：我这个人比较诚实，2001年的时候，差不多我就说我有女朋友了，就是这个，一直到现在。

田歌：你这个是不是一个杀手锏啊？是不是免得麻烦啊？

陆毅：不是，不是，因为我对自己生活方面的要求，还是比较传统的，这点跟我父母比较像，父母的爱情观，生活观一直是我要学习的榜样。

田歌：你从偶像派要往实力派上去转，应该说我想可能《夜幕下的哈尔滨》，或者这个《苏东坡》，都是你应该算是一个成功转型的这么一个作品，那你觉得你拍完这样的角色以后，你个人从内心来说，收获最大的是什么呢？

陆毅：收获最大的我觉得我是有改变的，改变挺大的，以前没有尝试过的，没有挑战过的，我都会从刚才说的一些戏里去表达出来，包括年龄上的一下子跨越，所以说这几年在心理上的成熟，或者是在表演方面所积累的东西，确实是需要一个契机去把它，毕竟是演员嘛，要有一个契机展现给观众。

上海男人与东北女人的故事

田歌：大家其实喜欢陆毅，还是因为一个忠贞于爱情的肖童，还有就是你和鲍蕾十年的那种爱的承诺，对，一直没有变质，人们觉得在演艺圈很不容易。但是我有一个问题，我不太想问你们那些爱情故事，我想问的就是你是一个上海男人，对，她是一个东北女人，对，南辕北辙，无论是，当然你们俩长的很像，但是我觉得生活背景，气质，精神情绪都应该我觉得根本不合拍，你觉得有矛盾过，产生过这种矛盾吗？

陆毅：可能会有一些生活上的小细节，一开始是两个人不同的，但是我觉得跟她的一些脾气性格，思想方面的东西是一致的。

田歌：哪些比如说像上海，我知道大家要表扬上海人，都说你不像上海人，所以说就可能觉得我们感觉上海的男人就是比较精致，比较小资，对，而且比较会生活，里里外外一把手，当然也就说了，要是找丈夫，最好找上海人，但是又觉得上海男人不会像东北男人那么勇猛，那么可以靠得住，那么可以出去壮胆，所以我觉得你们两个，她是怎么看上你的，我真的不知道。而且我觉得在吃的上面，应该会不会也有矛盾，上海人很讲究吃，东北菜可能就相对简单一些。

陆毅：她像南方女孩，我像北方男人。

田歌：是吗？有什么细节？

陆毅：我一直就是身边接触的朋友都是北方的居多，这是一点，因为包括我上大学，班里就两个上海同学，因为是全国招生嘛，所以就是当时跟鲍蕾也是非常有缘的一对，前面又说到吃方面了，吃的倒没有什么。

田歌：她是不是很融入了上海的这个饮食？

陆毅：对，包括我们在上海，有时候也会去吃一些辣的东西，都很喜欢吃辣。

田歌：那你爱吃东北饭吗？

陆毅：我不怎么爱吃东北饭。

田歌：那比如说鲍蕾想吃东北饭，或者说你这个新姑爷上门，那也得吃东北饭吧，那你怎么办呢？

陆毅：东北最常见的吃的东西就是乱炖啊，放进去一炖。

田歌：很粗糙，但是很质朴。

陆毅：对，很下饭。

田歌：不像上海菜那么讲究色泽，色香味美，很精巧，很少，是吧？那你那天吃的时候，当着他们家人面你表现出来什么？表现出很爱吃。

陆毅：很爱吃，当时第一次去那边见面，我还是以同学的身份去的。

田歌：吃的什么呀？那天。

陆毅：吃的是家常便饭，没有特定的，因为她没有介绍我男朋友什么的，就是我同学来哈尔滨玩，顺便到家里吃个饭。

田歌：还记得那天吃的什么呀？

陆毅：有红烧肉，蚕蛹。还有什么刀豆，家常菜比较多。

田歌：我怎么听着都有点儿像南方菜啊，蚕蛹好像北方人应该不吃的呀。

陆毅：没有，上海是没有的。

田歌：那你那时候实际上已经和鲍蕾已经好了吧？

陆毅：好了没几年。

田歌：你说没几年，还是没几天啊？

陆毅：没几年。

田歌：没几年，然后你是以同学身份上她们家的？

陆毅：因为她上我家，我也介绍她是我同学。

田歌：那你觉得凭你父母和她父母这种过来之人，就真的能被你们蒙蔽吗？

陆毅：其实是他们早就看出来了。是因为他们怕我们不好意思，也就没点破。

田歌：那你们当时是不是也有些设计啊，比如说要表现出你是同学，而不是男朋友啊？

陆毅：对，第一次来，带了点儿上海特产，上海的一些小的糕点什么的带去。

田歌：带着很精致的东西。

陆毅：很精致的东西。

田歌：那他们家人也表现出确实就是同学，就是同学，对。

陆毅：那放完假回去，那你带点儿哈尔滨东西回去吧，好好好，带了好多香肠。

田歌：不是香肠吧，是红肠吧。那时候她父母对你的印象好吗？你对他们家是什么印象？

陆毅：他们对我印象，因为她的父母也是跟我父母一样，都是单位职工，很平凡的，他们对我印象也很好，高大。

田歌：没觉得这不行，这小子长的太帅，靠不住。这没有，没有。你妈妈看见鲍蕾什么感觉？

陆毅：也非常喜欢她，因为鲍蕾平时也是不怎么爱说话，安安静静的。

田歌：不爱讲话，对。不是我们印象中的东北姑娘，特热烈。

陆毅：对，她不爱讲话。

田歌：不爱讲话，可是一讲话，那就有方言啊，那东北方言和我们上海方言，也是很有代表性的。对。你能跟我们说说吗？

陆毅：唉呀妈呀，这个都是通过我在大学的老师，就台词课嘛，就慢慢慢慢把它们纠正过来了。

田歌：你纠正鲍蕾？

陆毅：老师去纠正她。

田歌：你希望她说的话更符合上海人一些吗？

陆毅：也不是，就是标准的普通话。

田歌：现在，哎呀妈呀，哎呀妈呀实际上就是我的天啊，是不是？对。那上海人怎么说啊？

陆毅：我想想。哎呀妈呀（上海话）。

田歌：反差最大的是什么？我爱你怎么说啊？说土语，别说国语。

陆毅：我还真没用上海话说过。

田歌：你都是用莎士比亚的语言说的，是吗？

陆毅：对，就是我爱你，就是很标准的普通话说，我还真没用上海话说过。

田歌：那你是觉得不便在这儿说，是打算回去说，还是怎么呢？

陆毅：这上海话说着不好听，我说可以说，我爱侬，是吧？说了没那么好听嘛。

田歌：不过听起来很家常，对，很家常，很有上海人的那个家常，其实我特别爱听上海男人讲一件事，他要讲一件事，就讲得津津有味的，听着就感觉像吃上海那奶油瓜子似的，那么一点小瓜子，就那么一点小事，他能给你说的特别好，特别长，特别丰富，那么一点小瓜子，你能吃出好多味道，这就是上海男人。你觉得上海女人和东北女人的区别是什么？

陆毅：很遗憾，我没怎么接触过上海女人。

田歌：这句话说的有点儿太假了，只能说没有深入的接触。

陆毅：对，没有深入的接触，我最了解的上海女人就是我妈了，我妈是比较爱说话的那种，就是有一点点絮絮叨叨。

田歌：上海女人啊？上海女人能干。

陆毅：上海女人和上海男人都非常能干，在做家务和小事上面，他们都非常细心。

田歌：我们都知道诸葛亮。

陆毅：怎么突然又说到诸葛亮了。

田歌：诸葛亮治大国如烹小鲜，所以我们知道陆毅同志在家里很会做饭，上海男人里里外外一把手，所以说可能我认为你能够演好诸葛亮，和这个也是有关系，是有一定基础的。细心，还有讲究帷幄运筹，对吧？你要做饭嘛，对吧？

陆毅：运筹帷幄，还有全盘的东西，他一定要全部掌握在自己的心里，很紧张的事情，他可能表面看上去他还是很轻松的一副状态。

田歌：所以说我们大家，特别女孩，我想特别感动的，就是你对鲍蕾的那份爱情，然后特别羡慕鲍蕾，据说她想吃什么，你就随时去做什么，甚至是夜里都去给她做，对。真的啊？真的。你的拿手好戏是什么呀？

陆毅：我应该都会做。

田歌：都行？我真的我不相信，为什么啊？你没有这个机会，你看你，妈妈怀里的骄儿子，然后就是上海儿艺，然后就是上海戏剧学院，然后就是剧组，有集体的饭，有盒饭，你什么时候去练这个呢？

陆毅：上大学的时候，跟同学学过，他们都是来自祖国的各个地方的，就每个地方的他们的一些吃饭的特色什么的，有时候因为我是上海人，就说放假了，来我家玩，然后他们每个人都会做一道菜，我就在边上看着，学会了。

田歌：你是对这个天生感兴趣，还是这是上海男人的共同吗？

陆毅：应该是。

田歌：那我们不能听你光说不练。

陆毅：行，做的好吃不好吃无所谓，一定要做的好看。

田歌：来了啊，我估计陆毅在很多场合都说过，他多么多么会做饭。对鲍蕾是多么多么的好，想吃什么做什么。

陆毅：做完谁敢吃？

田歌：我们也真的说句实在话，我们也没有征得陆毅的同意，又给陆毅出这么一个难题，这位据说是在厨房里能够帷幄运筹的同志，娴熟得一塌糊涂。

陆毅：切的好看不好看无所谓了。

田歌：刀功，这是，这准备做什么呀？

陆毅：黄瓜炒鸡蛋吧。

田歌：这不是上海拿手菜啊。现在鲍蕾怀孕，她会不会经常突然间想吃这个，然后你做好了，她又改变主意了？

陆毅：没有，因为这个也是根据医生说的，说什么阶段，什么孩子长骨骼啊，要吃些什么东西。

田歌：那是分哪几个阶段啊，你都给她，第一个阶段就是？

陆毅：没切好。

田歌：陆毅有点儿坏，故意给切的乱七八糟的，是吗？我估计你切成这样，鲍蕾都不想吃了。

陆毅：好嚼啊。

田歌：好嚼。第一个阶段我们的鲍蕾，要吃什么样的，对孩子好呀？

陆毅：有营养的骨头汤啊什么的，然后就是一些海鲜海带啊。

田歌：那个是对孩子的骨骼的生长就有益，是吗？对。那现在她吃什么了？

陆毅：现在随便吃。

田歌：那你都不在家，你怎么可能给她做什么就做什么呢？

陆毅：在家的时候给她做，不在家就让我父母做。

田歌：确实我解的陆毅很熟练，我在跟他说话的时候，他在不停地操作，在家里最常做的什么菜？

陆毅：最常做的也就是炒炒鸡蛋什么的。

田歌：这变化也太大了，刚才说什么都行。

陆毅：不热啊。

田歌：不热，不用炒了，反正就是把油倒进去，哎，你是不是应该打个鸡蛋让我们感受一下啊？

陆毅：行。

田歌：知道什么叫明星了吗？其实这事我们大家都干，他一干大家就，你看这么多摄像机。

陆毅：难道这些你们都不会吗？

田歌：就知道什么叫明星的榜样的力量了，你的点点滴滴都是放大的。

陆毅：对，现在因为这个锅可能不行。

田歌：你在干吗？

陆毅：我在调温度。

田歌：没有任何温度，做不了。然后你得告诉我们，做咱们就不用做，放什么料，注意什么？

陆毅：先放点儿油，等油热了，放点儿葱，把那个锅热一下，炝一下，有点儿葱的香味的，然后再放黄瓜，炒完之后再放鸡蛋，鸡蛋里面要放点儿盐，炒出来就行了。

田歌：那如果这个时候鲍蕾突然间叫你，你怎么办呢？

陆毅：先倒出来。

田歌：然后先把她给安顿了，再回来。

陆毅：如果不好吃的话，就蘸蘸醋吃。

田歌：不好吃，放点儿那个醋，再放点儿什么呀？

陆毅：就可以像吃火锅一样，蘸点儿调料吃。

田歌：好，谢谢，谢谢。

田歌：我们看了陆毅银幕上的表演，我们还感受到了生活中的陆毅，当然只是点点滴滴的一个瞬间，其实我觉得陆毅，你正迎来了生命最黄金的时间。男人三十岁，又有生命的感悟，然后又有身体状态最好的时候，然后还有甜蜜的爱情，还要当爸爸了，对，反正总的来说，我觉得你应该充满信心的走向未来，你应该是一个影坛上的常青树。

陆毅：谢谢。

张静初

清静如初的『水果女孩』

田歌印象

在《光荣绽放》的节目录制过程中，张静初一改往日内向文静的性格，一会儿让观众捧腹大笑，一会儿又让观众泪流满面。她在节目中讲述着心路历程，像个孩子一样，比照着桌子上的水果，用不同的颜色来描述记忆中的童年、家乡和自己。

采访中的她的过程一直给我一种错觉，仿佛同时在面对一个没心没肺的小女孩和一个敏锐仁厚的智者。回答很多问题的时候她都下意识的想要保护自己，先开个玩笑、无伤大雅地调侃两句，看似顾左右而言他。而一旦她准备好了，就会交出一个诚恳、真实、富于想法的答案。她是一个太纯真的人，甚至纯真得有些笨拙。就像她的博客里写的那样：像一只气势恢宏的大鸟，尽管扬起翅膀就能卷起飓风，在世俗的土地上却只能蹒跚前行。

角色·西红柿·缘分

田　歌：听导演说，你呢特别爱吃水果，他们为你准备了三种水果，这三种水果呢和张静初的表演，和她的成长都有关系，我觉得这点子不错，和一个女孩谈话用水果的方式进入，还是挺可口的。

张静初：那不是三种水果，好多水果。

田　歌：好多吗？

张静初：刚才放在化妆间，差点被我们吃了，西红柿，苹果……四种。

田　歌：你看，从哪个水果开始进入？我们这里有俩西红柿，四个桃，还有俩苹果，还有一堆龙眼。瞧瞧，一个姑娘她的成长和这四种水果在一起，够甜蜜的了。

张静初：我其实还有点反应不太过来。但是我第一个就是能够引起我注意的其实是西红柿。

田　歌：我知道。

张静初：你知道，为什么知道？

田　歌：因为大家可能也都知道，西红柿是张静初在电影《唐山大地震》中的一个重要道具。你没有经过1976年，我们经过1976年的我和观众朋友都知道，1976年那个时代物质匮乏，就是说如果能吃到水果，并不是一件容易的事，所以吃西红柿，或者是吃糖拌的西红柿，那就真的是甜蜜的了，我本人也非常喜欢吃西红柿。你喜欢吗？

张静初：我特别喜欢，西红柿是基本上我每天都吃的水果。

田　歌：为什么，是因为它美容还是因为？

张静初：我觉得现在西红柿特别难买到好的了，小时候我就记得，因为我们家是一个单位的院嘛，然后中间有一片小地，然后很多人会种东西，然后邻居家就种西红柿，可是没有长得特别大就被我们偷光了，然后那个西红柿，我觉得以前的西红柿是特别多汁的，外面是红红绿绿的，一咬开，里面有水的那一部分是绿色的，我就特别享受就是咬一小口，然后把里面的汁吸出来的感觉，觉得特别神奇。

田　歌：我已经流口水了。

张静初：这也是可以吃的？

田　歌：你以为是道具吗，你看看，看看……

张静初：我们在剧组吃东西都特别小心，因为有一次我们拍《唐伯虎点秋香2》的时候，那个花街有各种花生、瓜子什么的，然后我们一块儿跳舞的女孩什么大家一起就有些就在吃瓜子，后来道具都过来说，说你们千万别吃，这上头全撒药的，因为怕老鼠吃了。

田　歌：有的时候看他们演戏时吃得特开心的时候，我就想笑，他们演得真好。我是特别喜欢西红柿这种水果，为什么？一般我形容一个年轻女孩，我要特喜欢这个年轻女孩，我就说你年轻得像个西红柿一样。

张静初：为什么呀？多汁是吗？

田　歌：就是你看，光滑、饱满，色泽那么鲜嫩，但是我最喜欢西红柿，因为不仅它表面光滑，你打开之后非常丰富，很多水果就没有这个内涵。

张静初：其实说起西红柿，跟我的电影关系还特别大。大家记不记得在《孔雀》

的一开始，我演的那个姐姐就在地上做西红柿酱，就是那时候北方，就像你说的食物和匮乏，所以基本上到了夏天的时候就把西红柿放在医药的瓶子里面把它腌起来，然后到冬天吃，然后到了戏的结尾我自己个人最喜欢的那场戏也是，姐姐蹲在那个地上，30多岁吧，然后见到男伞兵之后，然后边在捡西红柿边在哭，就是弟弟在旁边，他们蹲在西红柿摊那儿，姐姐在偷偷地哭，所以也是西红柿，所以觉得很有缘……不知道为什么。

田　歌：你说人和一件事物，什么一种气味，一个水果，你真的说不清它就有某种特殊的缘分。

张静初：对，就是伴随着很多记忆吧。

田　歌：所以你看你扮演的《唐山大地震》和《孔雀》，可能都是表现那个时代的吧。

张静初：对。

田　歌：都是七几年，可能那个时代人精神很丰富，物质很匮乏，所以西红柿就成了一个很好的道具。所以说就又说到你的《唐山大地震》了，我觉得你的命运和城市也有一点关系，《唐山大地震》这部电影让大家更加熟悉你。那唐山这个城市给你带来了一种什么样的色彩感觉呢？

张静初：唐山呀，其实唐山的色彩挺复杂的，但是我还是愿意用，比如说红色来代表，因为我觉得，当然灾难你可以看到很多红色，因为我们的鲜血是红色的嘛，然后你可以看到来救援的人是拿着红旗的，所以希望也是红色的，然后你现在看到唐山的那个面貌，我觉得红色也是代表着希望吧，城市的热力，然后现在你再看到唐山的时候会觉得，完全是一个他们自己说是凤凰城嘛，凤凰涅槃，其实火焰也是红色的，所以我可能就会马上想起这个颜色。

田　歌：其实我知道唐山现在是一个欣欣向荣的城市，当地的政府和当地的群众，也特别喜欢把这一面展示给大家，但是就是1976年这个大地震，它确实真是太惊天动地了，所以往往会把这些灰色也好，或者是沉痛的颜色也好，留下非常深的印象。所以我也就想问你，当时选择这部影片，你是处于什么考虑呢？

张静初：其实准确地说是这部影片选择了我，因为我想很少有演员会拒绝这样的角色，我想应该按照我非常主观的判断，觉得没有人会拒绝这个角色，这样的一部电影。因为当时我记得我看完剧本真的哭得非常厉害，就是号啕大哭。那我没有一次有这样的印象和经历，就是我看哪个剧本我可以这样的，所以我觉得这种，而且我觉得它是那种撕心裂肺地痛之后它还有温暖，所以我觉得这种感觉是特别难得的。因为可能我拍了，比如有文艺片类型，有商业片类型，然后基本上就两个极端，文艺片可能都比较灰色，可能更多的是展现我们生活里头真实的比较黑暗的一面，然后可能商业片可能更多的是带来希望，大家大团圆嘛。那很少有这样的一部电影，是能够把两种这种融合得这么好，还能让人觉得真的触到了特别特别深的内心，就好像每个人都像一个坚果，他把那个壳给你去了，然后你剩下你自己的非常真实的，非常脆弱的，平常不愿意让人看的那一面，因为很多人在电影院里哭嘛，然后还看到有一些男同志在电影院里，他一看到一个感人的，我们想这个地方他可能感动的时候，他就马上低头看手机，其实手机上什么也没有，也没有信息，也没有新电话，其实我觉得他是本能的一种掩饰，因为大家都太喜欢不在外面流露自己的内心吧，都把自己包裹起来。

田　歌：《唐山大地震》我也去看了，当然它是一部催人泪下的影片，我可能比别人哭得时间更长一些，但是我知道这部影片其实想让人们反思的是，地震不仅给人带来的是外在的伤害，它有可能延续的是内心的伤害，所以这部影片是说亲情的这种牵扯。但是看完以后确实很长时间会缓不过劲来，也许会是两天的时间，就是有的时候也许看完一部片子最后有一种积极的力量，但是我看完这部片子我就觉得我很久不能够找到力量去让我振作我总是觉得很伤痛。当然，这个是我个人的感觉不准确。我其实想关注这部影片里你是这个力量最主要的传达者，我想知道就是张静初你本人在生活中，内心是这么敏感易碎的吗？

张静初：我应该算是比较敏感的，我在外表大家看起来可能是不敏感的，是挺理智的、挺聪明的、挺得体的，就是可能给大家是这样的印象，其实就是因为可能你的内心特别敏感，所以你用这些东西把自己包起来。我其实感觉跟您可能特别像，我也是拍完这个电影，看完这个剧本我很久都是，有一点迷失，有一点找不到站起来的力量，因为觉得它就是一个很残酷的生命的事实摆在你面前嘛，就是生和死，我们平常可能不去想它，还可以很快乐的这样活。可是后来我大概在去年的春节，我就带着我妈妈，就是我们找了一个小岛去度假，到了晚上一般八点钟，我跟我妈妈就把院里的灯全关了，就很黑，躺在那个院子里，然后悬崖边海风就吹过来，很高的一个悬崖，然后就忽然间看到天上的星星，特别特别多星星，然后我们那时候在想，怎么有这么多的星星，从来都没有见过，然后那时候海风就吹来，你就能闻到那个海的气息，然后海风又特别暖，有点湿湿的，然后你看又这么多星星，天上不可能只有我们这个星球上有生命嘛，不知道哪个星星上有人在看着我们。一下子就想我们的生命其实太短暂了，我觉得比起任何一个石头，哪怕是一棵树，可能活得都比我们长，忽然间我就想通了。就是觉得我们的生命就像大海里一个小浪花，可能一越就消失了，然后我就想能活着真的挺好的，你还能闻，你能闻到听到，你能看到，然后还有比如你喜欢的人在你旁边，在陪伴着你，你就忽然觉得特别珍惜，然后我一下子就从那天开始缓过来了，就好像任何事情我都开始挺感激的，就觉得看到真好，我还能看见，那个五彩斑斓的世界，然后我第二天去浮潜，看到海里的鱼，就觉得特别神奇这个世界，我想能活着还是挺好的。

田　歌：这就是这个影片过了很久才传达给你的一种积极的力量。

张静初：对，它是一个潜移默化的。我觉得生命的成长，就是一个接受的过程，那接受的过程是痛苦的，就是你突然意识到说你爱的人，就是你再爱你的爸爸妈妈，他们要离开你，每一个人都是一个短暂的聚会，你想到有一天我也会死去，然后你刚意识到这个的时候特别痛苦的，缓不过来。

田　歌：对，有的时候生命的来和去是很美好，也很也魅力，但是又无法掌控。

张静初：对。

田　歌：其实演员可能最可贵的就是他一个人可以去揣摩或者甚至感受多种人生的命运。比如你演的这些问题人物，或者说有些灾难性的影片，我觉得不管在荧幕上还是在生活中，因为我看了一些你的文章，我知道无论是在影片中还是在生活中，你都经历了生离死别，或者是在荧幕上经历的天灾人祸。所以我就在想，当然经历对演员很

【田歌谈艺录】悲剧，是源自于古希腊的一种表演艺术形式。尼采在研究它的时候讲过：悲剧是人类的生存困境把它召唤着“进入生命”。让人类用悲剧的精神去对抗灾难与死亡痛苦。悲剧提供给我们的是一片“生活中的废墟”，但却反映着“人在失败中的伟大”。它的基本要素与演进程序则是价值—灾难—毁灭—积极。这是西方美学对悲剧的大概描述。其实，悲剧有两种力量，一种是毁灭，一种是重建。用惨烈的毁灭来摧毁你的一切；可是它又会推动你把毁灭的碎片去拾起来再粘合起来，重建起生命的意识架构，从此你便不可能被摧毁，至少有了强大的抵抗力，敢于去面对，能够去面对那些袭来的惨烈，且学会珍惜。

【田歌谈艺录】生命的成长，就是一个对痛苦的接受过程。什么是痛苦？生命哲学家讲：痛苦是人对生命被肢解的一种抵抗，它会增强人的生存勇气和生存努力。青年演员的痛苦经历可能不多，至少没有大悲大痛，但许多事不只是唯亲历才能理解。文学艺术是生活的一面镜子，可以在那里去寻找，去增进理解，这对演员在饰演角色时很有帮助。

好，可是你说张静初这么年纪轻轻的，会不会因为这种角色的创作，让她过早的领悟的人生的大彻大悟。

←

张静初：我觉得我还没有完全大彻大悟，要是这样就好了。其实挺好的，要是哪天能够大彻大悟，就不会那么多小烦恼，小忧郁什么的，就不会有了。

田　歌：那如果没有烦恼，你就成神仙了。

张静初：对，当神仙不是挺好的嘛，当精灵也好。

童年·龙眼·甘甜

田　歌：坦率地说和你这么简短的接触，从你上台开始到现在，你给我带来的印象，已经和我从电影里或者封面照片上看到已经是有很大的颠覆了，就感觉更多的时候，你是一个活泼可爱的张静初，所以我想知道，你的童年你感觉是一个什么样的颜色？

张静初：我的童年呀，我的童年是绿色。因为我觉得我们家那儿特别特别多竹子，是一个堰江围绕的一个小城市嘛，然后特别美。我觉得我小时候很多时候都在山上过的，因为我哥，我小时候基本都跟男孩一块儿玩，我基本上是我哥的跟屁虫，他到哪儿我就到哪儿，然后为了不让他甩掉我，我基本上他们干什么我就干什么，我跟男孩子一模一样，我完全可以跟上他们的节奏，不会成为他们的负担。就是什么上山、下河，什么捅蜂窝什么全会，所以就没有问题，上树什么都会。

田　歌：我非常羡慕生长在福建、广东这一带的女孩，因为湿润，皮肤比较好，另外你们都特别有口福，我特别爱吃你们那儿的什么荔枝、杨梅、枇杷，还有今天专门给你准备的龙眼。

张静初：下一个水果，我知道龙眼为什么来了。

田　歌：但是我老觉得我们现在吃到的这些水果，肯定是不正宗的，你尝尝和你小时候味道一样吗？

张静初：我觉得小时候吃什么都更甜，怎么回事？倍儿甜。

田　歌：小的时候龙眼是你常吃的水果吗？

张静初：对，小时候龙眼，还有荔枝，还有橘子。其实小时候我最喜欢的是那个青皮橘子，然后我们家不远的地方有一个橘子林，我还跟我哥他们去偷过一次橘子。

田　歌：是偷的吧？

张静初：真的是偷的。

田　歌：我跟你说，那个偷的感觉特别好。

张静初：特别好，可是被抓到的感觉真的不好。

田　歌：抓到了吗？

张静初：抓到了，好惨。

田　歌：你仗着哥哥，我是没有哥哥，所以我一直……

张静初：我没有，我跑得太慢了，而且我一看有人追我，我就心慌得很，我就呆在那儿等他来抓，就给抓走了，然后我哥他们都没有等我，然后非常羞

张静初在谈话节目现场

辱的是他们还要留下我是哪个年级哪个班的，还有我爸妈的名字，所以说我学校也要知道，我爸妈也要知道，所以非常的羞辱。

田　歌：那我还算是比你胆小，我一直就想吃，自己偷一次西红柿吃，我不想吃买回家的，因为我觉得偷的感觉不一样就是，但是就是怕被抓到以后，我无法应对，所以到现在没实现这种感受。

张静初：对，现在我告诉你了。

田　歌：你告诉我是不是可以放弃？

张静初：我觉得按照您这种心理素质就放弃吧，因为在我身上已经证实了一定会失败，因为去之前我哥说了，一抓住那个橘子一揪下来就跑，可是我一揪下来，我看着那个戴斗笠的人看着我，我就傻了，我跟他对视着就被他带走了。

田　歌：束手就擒。

张静初：没错，我就傻了，怎么还会有人呢？

田　歌：不过这个时候要是有电视机前要是有孩子，不要被误导，偷东西是不好的。但是在小的时候，小姑娘总想有一种勇敢的举动，当然是不要去偷，抓到了是。

张静初：非常不好的，尤其告诉老师是非常非常痛苦的事情。

田　歌：所以说我没偷过，你……

张静初：我，是个坏孩子。

亲情·海带·温暖

田　歌：我听说你小的时候是外婆带大的？

张静初：对。因为我妈工作比较忙吧，我3岁之前就一直跟我外婆在一起，所以跟她感情特别深。然后每年的寒暑假，我都回我外婆家，基本上那个时候就是，每年，就是寒假暑假要过完，我就特别害怕听见门口有急刹车的声音，我就觉得我爸要来带我走了，我就特别紧张，那几天就真的是像惊弓之鸟一样的，就不能听见门口有一个汽车急刹车的声音，我就特别紧张，然后每一次都是我爸把我绑走的，就真的得就这么抱着，然后绑架一样的给我带走，我就挣扎，哭，我就不走。

田　歌：这感觉特别重要，你觉得外婆给你带来了什么感受？

张静初：我觉得我跟我外婆的感觉，就一想到她，我就觉得那个心里头特别暖，然后我就老觉得我特别想搂着她，然后她在我心目中的样子，就一直是弓着个背，然后坐在那个椅子上，一看到我来了，就马上站起来忙忙叨叨的，你吃什么，给你弄点吃的吧，就这样。然后我觉得，小时候一直都是外婆背着我，因为她干活怕我摔倒，所以都是背着我。然后我也属于比较乖巧的，基本上一看到拿一个大木桶洗衣服，我就马上去端小板凳就给她放在那儿，她就可以坐下了，所以我外婆也挺疼我的。

田　歌：是啊，外婆也好，奶奶也好，给人的感觉，你在她的怀抱里感觉就是绝对安全的。

张静初：对。

田　歌：绝对无限纵容的，没有束缚的，想干什么就干什么的。其实我奶奶抚育我的时间也比较长，但是我没你那么乖巧，就是我老听我奶奶炒菜的时候有滋一声嘛，我每次也想感受一下，有一次我奶奶把油倒进去。

张静初：你把手放进去了？

田　歌：没有，我趁她不注意，我抓了一把煤灰就放进去了，滋。

张静初：声音也有？

田　歌：彻底有声音，但是我不知道那个就当场不能做饭了，不能做菜了，所以我奶奶非常的严厉，但是又很无奈。

张静初：其实我外婆也经常有这些无奈的事情，就是我小时候也属于，我现在也是有点脑子只能想一件事，所以我经常碰翻东西，搞丢东西什么特别正常。然后小时候就是经常我外婆给我换一身特别干净的衣服，洗完澡。我就到对面有一个单位的院吧，我就自己边唱歌边去了，然后就“扑通”一下，我舅公带着我，一看人没了，其实我已经掉到一个泥坑里头了，然后就给拽上来回去，弄得我被外婆一顿臭揍呀。

田　歌：真的？

张静初：对，她拿着那个扫帚，其实打上倒是不是很痛，但是挺吓人的，那个特别大。我觉得小时候肯定没让她省心，基本上是属于那个脑子老是都在自己世界里，不知道给她添多少乱的那种。

田　歌：反正我觉得调皮会给自己的人生留下一些可爱的回忆是挺好的。

张静初：对，现在主要是，你觉得你能够向他撒娇的人越来越少了，小时候我真的觉得有外婆人特别好。

田　歌：我记得我奶奶好像是，我已经工作在电视台了，我非常忙，所以她去世的时候，我没有去，然后我就听别人说，我奶奶看见电视上我在上面的时候，就会说田歌为什么跑在那上面晃呀，后来她去世我也没去，当时呀没什么特别深的感觉，现在随着岁月的递增，就会觉得人生有好多事情都是可以后悔的，唯独这个心情是不能后悔，因为你没有办法再弥补。很高兴今天还能跟你回忆这一段。

张静初：对，因为其实这可能也是很多人看完，比如说《唐山大地震》都会有这个感觉，就是说给妈妈打个电话，回家抱抱孩子。我觉得可能都是，因为生活里你老是觉得总有事情比这些更重要，可是我想等到哪一天你失去的时候才发现，其实没有任何东西比它更重要，就是这个生命里有爱你的人，关心你的人。有的时候我就在想说，我自己当然也觉得好像挺好的，能在什么杂志上，能够有，就是像您这么好的节目，还能够来做这样的一个谈话节目，但是我其实自己觉得，如果我没有亲人在电视机前看我，或者是拿到什么奖呀，他们不为我高兴，其实这些都没有意义，对我个人真的是，我觉得是没有多大意义的。我有时候想想说，做半天都是为他们，尤其是我爸爸那个时候在的时候，就特别骄傲。

田　歌：你爸爸去世了吗？

张静初：我爸爸去世了，对。他就是经常，那时候刚演电视剧，他就拿着我的碟，挨家挨户的推销，就他那些朋友、同事，就说你看看我女儿吧，这个上面这个很小的这个图，但这个是我女儿，你看看她吧，我就觉得特别好玩。然后我就觉得他是我的一个动力，因为有他们在意你的成绩，在意你比如说做出一点事情来，所以你有的时候觉得，好像所谓的现在有一点小事情吧是有意义的。我想其实说到底还是他们最重要，对。

田　歌：如果静初的爸爸能看到您的今天，就更好了。

张静初：对，他还可以他他去世的时候，已经基本上我的事业已经稳定了，前三年吧，所以已经比较稳定了。

田　歌：外婆对你的事业了解吗？

张静初：外婆不是太了解，外婆到了一个年龄的时候，已经看什么都睡着，看别人演的也睡着，看我演的也睡着，看一会儿就迷糊了，但是我觉得，可能在外婆心里这个都不重要，可能在她心里可能我能回去看她最重要。然后，我就记得那时候，我每次想起一个菜，我就马上想起是我外婆，就是排骨炖海带。因为我最爱吃排骨炖海带，然后每次都是我外婆拿那个干海带泡，然后刷，拼命地刷，才能把上面沙子和盐刷掉，然后完了以后就炖这么大一电饭煲，我一餐能都吃了，我外婆每次都是又担心，又高兴，又觉得可笑，又觉得可气，你怎么那么像恶鬼转世，怎么吃这么多呀，这样对胃不好，然后又说你再吃一碗吧，每次都是这样。

田　歌：骂着还高兴着。

张静初：对，说你不可以吃这么多，真的很糟糕，然后那要不然你再吃一碗吧，每次都是这样。所以我就觉得一看到排骨炖海带，我就想起我外婆。

田　歌：我想这个外婆的形象，肯定有一天会在你的作品里出现。

张静初：对，所以我特别看不了老人跟孩子的电影，我只要一看到那个，我就有意不敢去看了已经，就是我一看到那个海报我就已经不行了，就已经被触动了，对。

导演·北京·金色

田　歌：到北京是哪一年？

张静初：1996年的8月份。

田　歌：1996年？

张静初在现场演唱《传奇》

张静初：对，1997年上的中戏。

田　歌：当时北京的颜色对你来说是什么颜色？

张静初：当时北京对我的颜色，金色，北京是，那时候8月20号。

田　歌：是不是因为有个歌叫《北京有个金太阳》吗？

张静初：那倒不是，我其实没有去天安门，但是可能因为是南方人，就像我刚才说，我家乡是绿色的，觉得四季没有什么变化，就是不分明，然后我那时候8月份来北京，尤其那时候在电影学院进修，我看这么漂亮，就是后面那个土城那一块全是色彩斑斓的，比如说橘色的呀，金色的，红色的呀。

田　歌：快到秋天了。

张静初：非常美，我当时就都迷了，我就每天就很爱在那个落叶里面走，就看那个颜色，怎么这么丰富的颜色呀，当时我就觉得北京好美呀，特别特别的美。

田　歌：那你在电影学院学什么？

张静初：我那时候在电影学院学化妆。

田　歌：那时候是想给别人化妆？

张静初：那时候，其实没有想过以后能做化妆师什么的，我那时候就是想找一个学校，能够进得了这个进修班，因为化妆班也要考，因为我有画画的基础，是最容易进去的，一考他们就招了。然后想待在学校里可以接触一些老师，一些同学，然后我当时想考广院什么的，我就觉得可能现实，就是在学校里头你才可能第二天考得上。

田　歌：那个时候是因为有一种事业懵懵懂懂的追求，但是又不知道该干什么，还是很清晰我要干什么？

张静初：很清晰，就是要上学。

田　歌：要学习？

张静初：对，因为其他我其实都比较懵懂，就是可能跟艺术有关，但是具体是学画画，来了以后就发现我原来想考美院，肯定考不上，就是我觉得我画画的基础太差了，然后觉得可能考不上，有梦想是没有用的。然后就想可能考广播学院，那时候想考，试着比如说编导什么，就想考考试试看，然后上海戏曲学院也考虑过，但是就想考上什么就是什么吧，就是要上学，其他没有太多具体的想法。

田　歌：但是考上中戏导演系了？

张静初：对。

田　歌：我觉得那是一个真的是个门槛很高的学校，导演系应该是门槛高中更高了。

张静初：对，可是呢他们有经常开一个玩笑说，你要文章写得特别好吧你就考戏文，画画画得你就考舞美，然后如果说能唱歌能跳舞，你就考表演系，可是你实在什么都不会的话，就只能考导演系了。

田　歌：跟我刚到电视台一样，就是你会什么，会让你去干什么。如果什么都不会，就去当导演吧。

张静初：这些话看来会针对好多导演了，对不起了，不是这个意思。

田　歌：中戏导演系。今天我才第一次听说，我以为只有电视台是什么都不会去当导演，原来中戏也是什么都不太行的去考导演系，所有的导演，导演协会得抗议我们这个节目了。

张静初：没有，导演其实更多的要求是一个综合的素质，他们就像好多人问我说你现在做演员做得不错，有没有想过要当导演，可是我觉得真的是太难了。我觉得一个好的导演，他首先是这个剧组的灵魂吧，然后这个灵魂真的特别不好当，就像我们做演员，基本上80%到90%的精力，我觉得95%吧，都可以放到就是创作就是这个角色，那导演呢还得管，比如说资金，很多时候现在导演也管，就是他也是半个制片人，然后后期的发行，然后片子能不能，比如说怎么样能够通过呀，然后包括剧组盒饭不好，他会说导演真的盒饭很差，然后导演呢，现在冯导演也是，他也管盒饭的，他经常会下去看大家盒饭吃得怎么样，然后就说我们剧组的传统是伙食好，伙食标准不能掉。我觉得其实做导演真的是非常非常难的一件事，他得懂音乐，他比如得懂剪接，他得懂镜头，对基本的他得懂剧本，得懂故事。

田　歌：是一个杂家。

张静初：对，他真的得什么都懂。

田　歌：还是一个问题处理机。

张静初：问题处理机，对。

田　歌：所有的。

张静初：而且他中心的，像一个，怎么说呢？像是一个最有凝聚力的人吧。就是所有人都还，特别心甘情愿地把自己的才华全部都奉献出来给这个电影，给这个导演，就是他个人的魅力也是特别重要，他还需要是一个非常非常有人缘的，能激发大家创造力的人，这个也特别难，我觉得这个最难，这个对我来说最难。

田　歌：但是，你比如说现在有很多很出色的演员，演而优则导了，你反而从导演队伍里跑到演员队伍里去了，你们都是跨界。说点正经话吧，不管怎么样，你是学导演的，你的这个导演的观念，也许你现在没有特别清晰，但是实际上潜移默化在你的骨髓里的。我特别想问的就是说，我觉得电视现在是，整个电视节目，电视界为收视率而迷惑，然后这个电影呀，我看见很多导演为这个票房而欢呼雀跃，我真的，我想问问你，你觉得收视率高的电视或者是票房好的电影，就真的是你喜欢的电影吗？

张静初：当然我觉得，《唐山大地震》是这样的。票房也好，我个人也喜欢。我其实都觉得如果变成都是这样的，当然是最好的。就本身是好电影，就会很多人去看，但是可能需要一点时间吧我想，其实全世界都一样，就像美国，很多好电影，比如说得奥斯卡的，包括《拆弹部队》什么，其实票房也是惨败的，那他艺术上可能被大家承认了，可能商业上没有获得成功，那这个可能全世界都有这个问题。

【田歌谈艺录】经济效益与社会效益，艺术性与市场性似乎是永远纠结不清的一个现实，而不只是一个话题。而问题有时需要靠机制体制来解决，而不是演艺界自身能解决的。面向大众的艺术一定得为大众所接受，但有一个原则底线是不能突破的，那就是不能为了迎合市场上的低级、庸俗的需求而放弃自己的良知，去糟蹋艺术。无论是政府还是演艺界本身都要有引导大众文化消费需要的责任。

←

田　歌：在你的创作的选择上，你内心更偏向于什么样的影片？

张静初：我自己内心当然是偏向比较有分量，比较真诚，然后言之有物的电影了，那是肯定的。那娱乐、开心，让大家笑我觉得也挺重要的，但是呢如果说自己更偏好，那可能还是就是所谓大家说有一点偏艺术片的吧，但我觉得像《唐山大地震》就是这点挺好，他是又很言之有物，又触动到大家的内心，同时他在商业上又挺成功的。因为我觉得对于演员来说，商业上成功确实挺有意义的，就是说更多的人看到你的作品，你既然都演了，你当然希望更多人看，当然像这种机会和这种电影太少了，真是太少，很可惜。

田　歌：这也是一些纠结和困惑，真是。

张静初：而且这些纠结和困惑，自己可能也不太能解决得了，但是我觉得基本上定一个标准，我就打算说，就按照这个标准走下去，总的来说还是往这个方向走，肯定不能够，市场上流行什么就赶紧去追，说这段时间武侠魔幻特别流行，就拼命追，然后或者这段时间3D特别流行就拼命追，我觉得追风一定就，我觉得应该是会比较有麻烦的，我自己个人是喜欢。

田　歌：不喜欢。

张静初：对，可能还是听从自己内心吧，就是你也适合走这样的路，因为你真诚嘛，你能够完全地把自己掏给大家看，就是那种感觉是，有的时候你要是跟风的时候，你更多的就是理智上的判断了，都是功利上的判断，就比较麻烦了。

田　歌：所以我觉得听你这个话的时候我就想，人生也好，事业也好，要清醒，在诱惑面前有自控能力是很了不起的一件事，但是也是很不容易做到。

张静初：很难做到，对。

事业·苹果·红火

田　歌：我想他们又安排这个苹果，肯定和你也有什么关系。

张静初：我就想不出来，刚才我很想找一个理由说服大家，把那个苹果留下，想不出来，这个苹果有什么说法啊？

田　歌：我的说法肯定不能代替你的说法。

张静初：苹果其实，我不知道跟我的电影有什么关系，但是……

田　歌：你小的时候。张静初也真是不愧是学导演的，刚才已经把导演的重要性和能力说得很清楚了。但是毕竟你现在从事主要的是表演，所以我想问问你，觉得一个演员最重要的品质和能力是什么？

张静初：最重要的品质和能力呀，说起来好像很容易，因为其实演员的工作，说起来特别简单，你不管演什么，只要大家相信就可以了，相信你演的那个人物就行，当然就是要做到这一点，当然没有那么容易。尤其像我们，可能已经演了很多各种各样的角色，那要演，比如像《红河》，就演一个智障的小傻子，我想我演过那么多角色了，怎么让人家相信呢？其实说到底就是一个让人家相信。我觉得最好的品质就是真，因为我自己跟很多对手合作过嘛，那我觉得每一次，就是作为一个观众也好，一个对手也好，我最被对方打动的都是真，就是真挚。

田　歌：真挚？

张静初：对。

田　歌：真挚当然是很重要的，但是真挚实际上，你在演戏的时候有好处，但在为人处事上就会有风险。

张静初：对。

田　歌：所以说，我觉得演艺圈是有自己的这个行事规则的，我看到你没有去加入那些比较所谓的经纪公司，好像自己在经纪自己吗？

张静初：没有，我有一个经纪人，他也是从《孔雀》开始，就一直跟他合作到现在，觉得比较简单一点，就是这样的小团队，团队小，当然可能没有大公司那么多优势，在实力支持上，但是相对来说也简单，就是觉得还挺好的，就是不复杂。

田　歌：不复杂。但是人们总是觉得演艺圈是复杂的，你觉得你在演艺圈是如鱼得水，还是有一些步履蹒跚，有些无奈呢？

张静初：我觉得总的来说，好像还可以，因为我之前跟大家想法是一样的，觉得好像做演员，或者演艺圈，就好像这个争名夺利的，然后都是一些特别浮华的、虚荣的事情，然后可能好像到处都是这种吃饭、交际、人际关系，我原来也觉得可能是这样的。所以我从来都没觉得我能做演员，因为我特别不擅长这方面，我平常就比较宅，其实我这么多年接触过来，因为可能我运气比较好，我基本上接触的导演，还有合作的对象，我觉得都是这一行里面真的做到了顶尖的，我觉得也遇到很多大师级的人物，包括像演话剧遇到赖声川老师呀，然后包括像许鞍华导演呀，比如说许可导演，尔东升导演呀，冯小刚导演，顾长卫导演，基本上我觉得，反而是越是我接触的这些人和范围就越简单，因为他们其实选演员的标准也简单，就是合适。他可能不会因为你跟他认识，他就来找你演一个很重要的角色，是绝对不可能的。反而就简单了，你只要把你的戏演明白就好了，大家就看到你的第一部作品，可能就来找你演第二部，然后你第二部再演好，可能第三部第四部跟着来了。

田　歌：演艺圈总是喜欢把一个冉冉升起的新星也好，新的演员去和一个已经大红大紫的演员去比较，比如说她就是小巩俐，她就是小章子怡，她就是小某某某，你在意别人这样去评价你吗？

张静初：我不在意，因为我觉得其实跟我没什么关系，那他们，我觉得他们说，或者是一开是有这个看法，当然我会把它理解成是一种善意的恭维，因为我觉得我刚刚开始没有几部作品，如果能把我比成比如说小章子怡，那我觉得说明大家对我的期待很高，但是我基本上我是觉得这是因为大家还不了解我，

田　歌：其实在底下也听到别人议论你，有的人说张静初是一个对于事业和生活没有计划的人，随遇而安的，有的人说不对，张静初是有大志向的人，哪个是真实的？

张静初：我觉得两个都存在，如果说一个大的志向当然有，就是从《孔雀》开始，我开始会比较专注在演戏，也是因为《孔雀》那角色，那部电影，有机会让我发现说，原来我也有能力做一个还不错的演员。那这个不错的演员可能他的标准就很高，比如说像什么达斯宁霍夫曼，比如说像这些，以前我们想都不敢想，说有一天我可以做一个演员，然后我可以往他这个方向去努力，那你说这个志向我肯定有，我没有，我就不会专注在这一行里。但是具体要做成多红，什么多，就在知名度上我就没有了，因为我觉得这方面我可能比较宿命论吧，我相信是你的该你的，其实你不用争也不用抢，你只要专注把你现在的事情做好就好了，但是我有我自己的标准，就是我想做这样一个演员，那这样的演员到底能走多远，能不能被大家认识、接受，这是不能控制的。

田　歌：你想做一个什么样的演员？

张静初：基本上让大家觉得还是有一点期待，然后基本上看到角色是不重复，然后真的电影有一点点意义的这样的演员。

田　歌：你同意“心有多大，舞台就有多大”这句话吗？

张静初：我相信，对。

田　歌：愿意为这样的话去努力啊？

张静初：我觉得其实经常要提醒自己，因为这个心有多大容易走歪，就是说心有多大，不代表说你有多大的野心，去出多大的名，而是你的心有多大是你自己，怎么说呢？你在这个艺术追求上有多大，我觉得这是两件事来的，那有的时候会混成一件事，那因为有的时候也会有这种糊涂的时候，就比如说你会在想说，如果你不是一个有一些知名度，有一点票房的演员，那你的这个选择就越来越少，那大家来找你就可能越来越少，那可能就对你所谓的艺术追求就会有影响嘛，但是有的时候又反过来想，你把自己搞得很热闹，其实你就丢掉了你自己，然后你没有时间静下来，你没有时间去想，你最初来到这行是为什么，大家对你的期待也开始慢慢下降，因为你的作品可能慢慢慢慢就水的成分太多了。然后就可能你的舞台就反而越来越小了，那有的时候就在这个之间还是要做调整，有的时候会容易走，就是往哪儿走太远都不合适，你还是要往回找一找，应该怎么调整这个分寸，其实就是这样嘛，又要有知名度，又想能安静能清静，很矛盾的，真的很矛盾，不可能什么都有。

田　歌：反正不太容易。

张静初：对。

田　歌：大家都说张静初是才女，我呢是看过你的文笔，我觉得张静初文笔的表达能力和控制能力非常强，而且是你的文字是有一定的境界的。那我想，我接受才女对你的这个称呼，但是我又在想，从历史上来说，女子无才便是德，到了今天依然有人认同这句话，我不知道你是怎么理解？

张静初：其实我不知道这句话到底什么意思？女子无才便是德。没有才就是一种很好的德行是吗？

田　歌：没有才，我想女子无才，她就会没有更多的想法，她就不会有更多的要求，她就会比较本分，她就会比较贤惠，很安静地在家里相夫教子。

张静初：我其实首先，我自己没有认为自己是才女，我真的没有。因为我觉得我的才华非常非常有限，只是我还基本上是有一点能力，就是我有自己的审美，我会欣赏有才华的人，我知道什么样的作品是好作品，这个能力我有。但是我自己就是因为可能眼太高了，手太低了，所以我自己我不算什么才女，一点都不算。那我就很有美德了，我就剩下德了，总结了一下，为了把自己推销出去，赶快嫁出去。

田　歌：难道你嫁出去难吗？

张静初：应该现在社会，我觉得女孩子只要追求独立一点，嫁出去都变得越来越难吧，应该是这样。

田　歌：你怕自己成为剩女吗？

张静初：已经是剩女了，不用怕了已经。

田　歌：但是没到圣斗士的地步吧？我已经是圣斗士了。

张静初：我现在圣斗士初级阶段。

田　歌：我还是希望你能够事业爱情双丰富的。最后我觉得应该把导演的这个任务完成。为什么桃和你有什么特殊关系，苹果和你有什么特殊关系？

张静初：刚才其实我有在想，为什么有苹果，那我其实在这儿给大家推荐一个，对，我一个贴吧的粉丝就叫苹果，待会儿把这个留给你。然后，其实苹果是我生活里，可能有持续了，我想四年到五年的一个习惯吧，每天早上起来一个苹果，基本上没有什么意外情况，好像基本上没有间断过。因为苹果是唯一的可以空腹吃的水果，然后早上吃水果又是金苹果嘛，是最有营养的。而且小时候呢，小时候画那个画就画果树，我不知道你们这个年代还是不是这样，我们就是每次画果树都画苹果树，因为最好画嘛，就一个树干，然后一个树叶的树丛，然后一些小苹果在上面。然后我就老觉得苹果就是，好像就是一个理想家园的一个状态。我就老觉得说最美的一个家就是，一个小房子，前面有一个小院子，然后后面有一棵长满了苹果的苹果树。我觉得那个就是，我从小如果对家有一个童话一样的想象，就肯定有苹果树，所以我想应该是有这个关系吧，然后这个大家千万别忘了，每天一个苹果早上吃。

田　歌：你能做到吗？

张静初：我能做到，而且我原来这个习惯，我妈妈现在来，然后她现在也习惯了，她说我以前都没有这个习惯，现在觉得好舒服，我每天早上散步的时候我就带一个苹果，然后我走累了我就找一个地方把苹果吃完上来，特别清爽。然后你一吃完就觉得整个那个，当然苹果之前要喝一杯水了，先是一杯清水，然后过十分钟一个苹果，半个小时之后是早餐，就特别特别舒服。

田　歌：我还看见这个苹果和桃我就想起来了，我认识的一些广东广西的朋友，到北京来的第一件事，就是这个季节来的话，就是一定要带大桃回去。

张静初：大桃回去，对。

田　歌：我一看他们带桃的那个表情，特别像曾经我到那边去要带什么荔枝，带杨梅的那种表情。就是那边好像很少能吃到桃和苹果？

张静初：对，其实我小时候老画苹果树，但是我真的不喜欢吃苹果，我们那儿的苹果都是那个香蕉苹果，或者特别小青的绿苹果，就很少这种又大又多汁的这种苹果，我妈妈也是，她到北京来住以后喜欢上吃苹果了，因为我们那儿基本上都是保鲜的，而且都是去年的苹果，都不是特别好吃。然后还有就是桃，我记得那时候来北京的时候，我都觉得好奇怪，一个桃可以这么大，真的这么大，就这样一张脸就盖住了，这么大的一个桃，然后那个咬进去一般觉得特别大肯定没有味，然后咬进去觉得那个汁都快滴出来了，我当时就觉得这个就是仙桃，这个不是鲜桃，我不相信这世界上有这么好吃的桃，我觉得北京太好了。

田　歌：桃确实好，糖分又不高，然后又很脆又很甜，然后还可以当饭吃，还不增肥。

张静初：而且特别营养，不增肥吗？

田　歌：对，他们说桃如果说你一天，保持每天吃五个桃，你会年轻很多。

张静初：五个桃呀？这么大的可能吃不下。

田　歌：你回去试一试，一年以后我再看看，我来检验一下。

张静初：是不是年轻多了，终于吃了剩女的行列了。

田　歌：我要想说说我对苹果的感受，其实跟张静初有接近的地方，就觉得很圆满，很甜美。

张静初：对。

田　歌：但是我就觉得每次一吃苹果，就说这是一个幸福的老太太。

张静初：为什么呀？

田　歌：觉得它就是，你看秋天的果实，好像是丰收的那种感觉，这个老太太，你看她的脸像个苹果似的，有时候我吃苹果的时候我就有一种意念，我赶紧吃，我也要变成一个幸福的老太太。

张静初：是吗？我从来都没有这样想过，我觉得是一个少女，多美，苹果多美。

田　歌：虽然感觉的年龄段不一样，但是都是甜美的。

张静初：对，都是特别美好的。

田　歌：对，所以，这个秋天才可以吃到这样的苹果。

张静初：这一看就是今年新的苹果。

田　歌：所以我想跟张静初说，不管你未来的事业是多么的如火如荼，但是我都希望你的内心能够保持清静如初。

张静初：谢谢，我一直在努力追求。

田亮

『跳水王子』的转型与觉悟

田歌印象

田亮一直是我们心中英俊少年的缩影，我也一直觉得特骄傲，我们田家有一个这么杰出的小伙子，想到他就会浮现出阳光灿烂的笑容和那双明亮的眼睛。

节目中田亮对绯闻、争议、误解的回应，证明了他无愧于阳光少年的真诚与坦荡。当谈到离开跳水队，很多人认为他是受了金钱的驱使时，田亮说：“我就说一句话，拿金牌的那种感觉，让生命停止都可以，还有什么金钱可言。”可以说，他宁愿用生命停止来换取一枚奥运金牌，但命运的变数让他离开那一池碧水。

而现在，这个当年我们大家眼中的阳光少年，转眼间就为人父了。人生角色的转换，社会角色的变更，他将带给我们怎样的命运启迪？

不同圈子，隐与私

田歌：刚才一见田亮，田亮戴上耳机以后就跟我说，这叫耳机吗，这叫话筒，他说，你们怎么给我戴这个话筒啊，我说现在都是这个话筒啊，他说这个不行，这是热歌劲舞啊，明显的他很不适应，我当时就奇怪，你现在都已经是演艺圈的了，你有什么不适应的呀，我好像也看你上台唱歌，又演电视剧的，你真的不适应这个圈啊？

田亮：不，我觉得戴这话筒特别不适应，因为戴得少，因为我没有去热歌劲舞。

田歌：你还告诉我你对演艺圈也不适应，还说我不是他们那个圈里的人。

田亮：怎么说呢，我不是说非要把这个分两个圈，这个话我记得我以前也说过，其实从我根本来讲的话，我自己把我当成一个体育人，可能大家也会把我当成一个体育人，就想着说体育人能给我们带来更多的其他东西，大家可能有这一个想法，也有可能没有。我觉得其实作为一个体育人来讲，我已经定格了，不可能有变化，这二十年全部是在做一件事情。那么想去像艺人那样，非常有意思的去娱乐大家，给大家带来快乐，我总是从一个很高的标准去评判，可能就是说我不敢去想，只想我能把自己的本性带给大家，能让大家更多的了解我。仅此而已。

田歌：你是在告诉我们，在你的心中，你自己的定位一直觉得自己还是体育人，对吧？

田亮：运动员出身，可能就是改不了了这个。

田歌：其实你在我们心中，也应该说是个体育人，但是你知道吗？你在观众，不管是喜欢你的，或者不喜欢你的人的心中，都有一些错位，甚至是误解，就觉得你还是属于娱乐圈的人。

田亮：不一定，体育圈、娱乐圈的人，虽然他们都是公众人物，大家都认识，想了解的，那么娱乐圈他的工作可能就是参与这些事情，他有更多的时间去宣传自己；但体育圈的人他没有，但是一旦他有时间的时候，不愿意出头，不愿意出来，可能就比较低调一些。

田歌：现在体育明星和演艺圈的明星，亮相是最多的，亮相越多，是非就越多，误解就越多，那烦恼也就越多，你们俩结合在一起，那你们就比别人烦的更多。

田亮：其实我觉得这个是，我不知道为什么，我是躲都躲不了。其实我很多自己的事情，我都不愿意说，特别私事，我就不愿意去让媒体知道，去告诉大家，因为我觉得给我自己再留点儿空间，因为从小我们就是在大家庭里面，在集体的一个环境里面去生活，我根本没有什么隐私，所以我觉得随着我离开运动员这个身份，我希望更多的去享受一个家的感觉，这要求不过分吧？

田歌：当然，正常人。

田亮：大家就特别对那种，我的那些东西就喜欢去报道，然后我就去避，那避的话，可能会有些媒体就会不高兴，不高兴我就更要报道，就成了一个特别不好的一种现象，我就觉得不是了，最后变成一种夸大的，标题和内容不一样，我觉得与其这样，我还是配合他们，把我能说的一部分告诉他们，因为他们感兴趣。但不能说的，我是那个有个度，有个原则性的东西，就到此为止，不能再往里了。

【田歌谈艺录】媒体对于艺人而言，是成也萧何，败也萧何。最好的办法就是自己不去做韩信，凭自己的实力去打拼。尤其是不知水深浅的青年人，最要紧的是不要做出那些让人八卦的由头。

←

田歌：今天知道我要采访你，我刚才也跟你说了，有的媒体的朋友觉得非常好这个机会，也想一起来，我说在没有征得他同意，不好，不合适，其实我也知道大家对你的关注，但是这种关注不是每个人能够掌握的，甚至不是你能掌握的，所以我也在今天在跟你谈话的时候，我也希望能够，就是能够坚持我做节目的这个品质和精神以外，不至于再给你造成误解，所以有些什么话在这个过程当中，在播出之前你都可以告诉我，剪掉。

田亮：好，谢谢。

田歌：所以我能够感受到正常人，或者说已经是有名气的人，甚至是因为名气而带来麻烦的人，他实际上是想回避媒体的，是想回避媒体，是想减少麻烦，但是你现在应该说有些挺身而出，可能也是一个减少麻烦的方式。但是烦恼显然在伴随着你。

田亮：我觉得这是一种时间的过程，只要我这么去做，慢慢的我觉得会好一些，因为我现在觉得现在已经比过去要好多了，因为这个社会对你的认知度增加了以后，不实的报道应该会越来越少，那么其实我更想给大家展现的是一些工作上的事情，所以我觉得在这些方面的话，我的家庭这一方面，能给我留更大的空间，当然大家想了解到的地方，我肯定有一定的度告诉大家。

辉煌再现，觉和悟

田歌：你在和观众见面的时候，在生活场合，在竞技台上，甚至在表演的舞台上，你记得哪一次的掌声是给你留下最深印象的？最让你感动的？

田亮：肯定这个大家都猜到了，也就是2000年奥运会，得了冠军的时候，那一次是第一次拿奥运会冠军，也是我的跳水生涯达到了顶峰，你可以往平走，你不可能再高了，因为奥运会就是最高了，你可能再一次达到这个高度，珠穆朗玛峰的高度，那就算奥运会，下一次爬，世界上没有再高的了，还是那儿，只是增加次数的问题，所以在2000年我拿到的时候，我觉得全世界都在给我鼓掌，感觉中国人特别多，因为那是在悉尼，虽然是在外国人的地盘上，但我看到好多国旗，所以在那个时候，我觉得特别自豪。

田歌：我觉得说到这儿，好像就特别自然的，这个话题就得跳到田亮在竞技场上的镜头，我们要回放一段视频。这就是我们心中永远的田亮，我们看的时候，就是纯欣赏，但是这后面的代价，只有田亮最清楚。你看的时候是什么感觉？

田亮：又会把我带回到那个快乐的瞬间，因为每一次看，马上都会联想到当时的那种心情，毕竟这个可能就是说在背后你做了很多的努力，还加上各种因素，甚至还有运气的因素，才能让你最后成功的那一刻，虽然说非常短暂，但是非常的快乐。所以那背后的故事，是没有人知道，可能也没有办法用语言去表达，展现出来的是一种释放，大家可能看到以后，能感觉得出来这个不是演出来的，这是内心的一种感受。

田歌：我想田亮可能会更多次的看这些录像，但是随着你年龄的递增，你再看这些片断的感受会更加的丰富。

田亮：对，这是一种非常好的一个回忆。

田歌：青春，年华，事业的辉煌，我不知道这是不是人生的顶点，不是吧？我知道你的人生顶点，我们希望还可能在未来。

田亮：我觉得可能，怎么去看待这个人生，也是很大的一个学问，大家活在这个世上，说的太大了，怎么去想自己为什么，是为了事业的成功，为了财富的累积，还是为了仅仅是很单纯的快乐，我觉得其实大家都追求一个快乐，其他的都是快乐的成分而已，所以我觉得寻找快乐，才是真正的，这个快乐是极致的，但是很短暂，它的缺点构造很短暂。所以我觉得可能我以后的人生，这种极致的快乐我不知道会不会有，但是我希望去做到一个，一直很快乐的一个人生，去让每一天每一年能感觉到我生活是有价值的。所以我觉得乐观的对待这目前的一切吧。

田歌：我眼前的这个阳光少年，其实你的身上是披上了很多误解的，但是我认真的想了想，包括跟你的对话，我觉得这个误解有一半是你自己造成的，我把这个误解，更多的误解就不说了，我要说两点，我可以转达给你，我希望你能够在这个场合解释，说句实在话，我在没有和你谈话之前，没有坐到这儿之前，我都以为你是演艺圈的，因为你常常出入演艺圈，你常常和演艺圈的人，进入各种时尚活动，所以我们就以为，而且你又好像也在演电影电视，就觉得你是演艺圈的，那么有的人就说，咳，这就是金钱的趋势，好好的体育生涯就这么断送了，老去参加这种商业行为，这是他自己造成的。我也想问一问，借今天这个机会问一问，就是你进入这个现在不管是不是演艺圈，反正在人们误解的这个演艺圈里，是被动的，还是你主动的选择？

田亮：就像你刚才说的，你觉得一半是我造成的，说明我只说明了一半，还有一半你接着往下听得，你最后了解的很多东西就不是，可能大家对我的误会，还得我用嘴去把它说出来，其实在这个上面，我一直在考虑，大家有这个误解，是通过这种报道，会有这么一个想法，因为大家为了更要有新闻性，更需要有一定的争议性，才会吸引大家的眼球，这是从一个娱乐界的报道去说这件事情。那这个事情因为过去了以后，我现在非常矛盾，我不知道我是应该去把它说出去好，还是说过去的事情不要再提它了，有的时候可能你必须去承受很多误会，我相信每个人都有被误会的时候，也不是每一件事情，你能去说明，让大家能接受你的真实的东西，所以我觉得这也是我人生当中的一个误会，我还是去接受它，不要再去说它了。

田歌：就是愿意承受这种误会，靠时间去解释。

→

田亮：对，因为我就说一句话，拿金牌的那种感觉，让你生命停止都可以，你还有什么金

【田歌谈艺录】有人说眼泪是苦的，有人说是咸的，但我觉得似乎应该是酸的。我见过许多明星人物在他们夺冠获奖时流泪，我不是鱼，不知道鱼的冷暖，但我想那该是一种辛酸的宣泄，而不是快乐、兴奋、激动。因为一个人在成功时，往往不只是荣耀，更多的可能是多少年痛苦、辛苦汇聚在一起的一次百感交集的奔流，那种泪水大多是一种心酸的味道吧！

钱可言。就那种快乐，在领奖台上那种快乐就是这样的。

田歌：这误会实在是太巨大了，我看过你在2006年，在一个节目里说过那么一句话，你要用最后一口气，去完成奥运会的那最辉煌的一刻，意思是这样的，可能不太准确，所以下面这个误会我就不忍心再问下去了。

田亮：那就不聊这个不开心的话题了。

田歌：不聊了。

田亮：我记得1995年，我以前挺爱哭的，1995年就戒了，这都2008年，戒了13年了。

田歌：戒什么13年，你看他的眼睛里老是有眼泪。

田亮：眼睛不太舒服，保护的一种表现。

田歌：所以说有那么一种误解，我说吗？我还说吗这个误解？就不说了。算了，不说了。所以说这个小小少年就能够，他能够还用笑容面对我们，去面对生活，面对事业的抉择，生命的变数，其实这一切勇气和力量，还是体育带给他的。你应该庆幸自己成为有过这辉煌的体育生涯。

田亮：对，其实我这人还是很容易满足，因为我觉得我的付出都得到了，所以已经非常幸运了，所以我满足了。所以我觉得珍惜未来吧！过去的那种成功给我奠定了一个对生活的一种乐观态度，那么对未来呢，我要更勇敢的走下去！其实我以前受不了委屈，一受委屈就要哭。

田歌：于是命运就给了你一个大大的委屈。

田亮：对，所以我觉得可能你越不想怎么样的时候，最困难的东西就摆在你面前，就是你最害怕的，考验你。那我现在我觉得我算是经住了大部分的考验，那么以前的事情，我就当也算是一种收获吧。把以后的路走好。

北京奥运，梦与憾

田歌：刚才我看到那个粉丝在祝愿你的时候，那个泪水中间和语气中间都有一些酸楚，我不知道这样的酸楚，会不会触动你心中的某根心弦，但是我觉得我被触动了，因为我在要和你见面，要和你谈话这几天，我一直在看你的这本《最亮的十米》。我想这是在和你的心接触，我记得你在书中，你说了在2006年8月27日，你生日的那天，你许下了一个愿，你还记得吗？什么愿啊？

→

【田歌谈艺录】田亮没能参加2008年北京奥运会，可能会是他一生的遗憾，其实大可不必，生命的澄澈，有时需要一种豁达来灌注洗濯。花落了，有果在，就是一种骄傲。这个世界不管有多大，每个人都是过客，就像江河中的水，在流经的过程中进入大海，还有什么可遗憾的呢？

田亮：还是不说了吧。

田歌：那我是不是也不适合在这儿说啊？

田亮：你知道吗？

田歌：我当然知道了。

田亮：那你告诉大家，大家肯定不信。

田歌：那我可以念这上面的内容吗？你要说不愿意，我就不念。

田亮：没关系。

田歌：没关系啊？大家听好了啊。那个音乐别太煽情，不要让我流出眼泪来。在这本书的172页，他曾经这样写道，26岁生日那一晚，

ITALIA

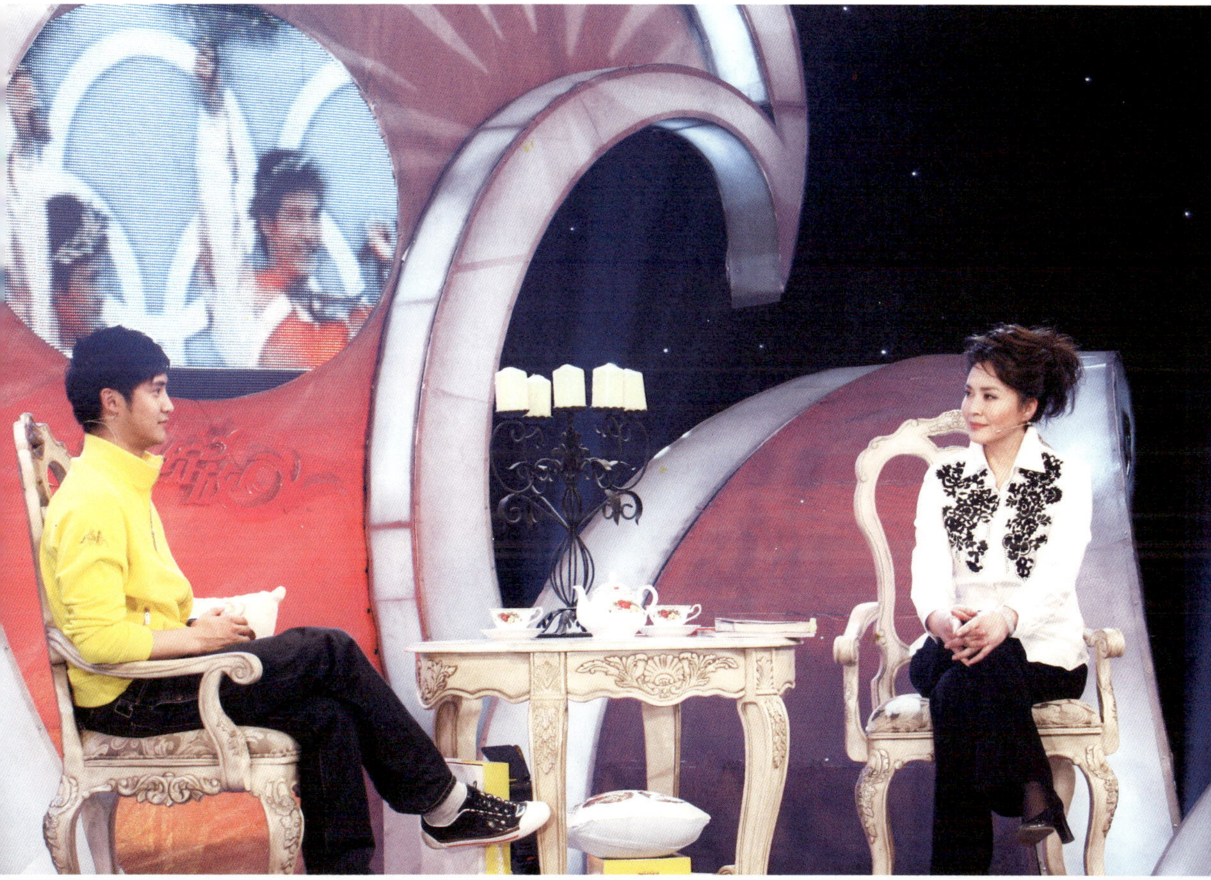

田亮在谈话节目现场

我许了个愿，愿自己回到熟悉的国家队，在观众的喝彩声中和国歌声中，再次站到国际比赛的最高领奖台上，目视着国旗冉冉升起。这是他的心愿。但是在现实生活中，他的话，我的理想还是希望回到国家队，希望能够在国际比赛中，为中国跳水增添新的荣誉，希望能够参加北京奥运会，我相信以我的技术水平，多年的积累的大赛经验，以及没有伤病困扰的身躯，能够赢得金牌。

田亮：那应该是在2005年。对，2005年许的愿。

田歌：这个心愿。

田亮：所以我说不说了嘛，因为那个时候我可能对很多问题，想的比较简单，而且对自己的能力过高的估计，其实我在跳台上，我只能决定一个，就是我的技术水平，能决定一个，我能刻苦的训练，达到一个最高的水平，其他的我决定不了。所以以许愿来实现自己的梦想吧。

田歌：那这个愿望会不会永远存留在自己的生命中呢？会在现实面前破灭吗？

田亮：现在它肯定已经是破灭了，那么我觉得我可能要把很多，我以前还是把很多不开心的事情，会跟以前一样，隐藏起来，展现给大家还是一个非常乐观的我，这么去对待。

田歌：我看见你眼睛里有眼泪了，我也觉得我不忍心再下口了。

田亮：有吗？

观众：没有。

田亮：真太久没眨眼睛，有点儿反应。

田歌：其实我在做这期节目的时候，我也是有一些复杂的心情，我不太喜欢问家长里短的事，我想叩响人的内心深处，我想和我的嘉宾用心灵去交流，用精神去交流，但是我觉得面对田亮，我有的时候，我昨天晚上一直和我的合作者研究到12点，我这个话我能问吗，我要是问完了，我伤害他了，怎么办？真的，我觉得特别难，我觉得我在你面前，我有点儿大舌头，不知道该说什么了。

田亮：你问问试试看吧，我看能不能说。

田歌：好，真的？

田亮：嗯！好紧张啊！不知道前面有多少艰辛的事情会出现。

田歌：我觉得这个愿望永远会伴随在你的生命中，在你的血液中，甚至在你的下一代的生命中，不会破灭的。现在马上离2008年奥运会，日子是屈指可数了，我想知道在那个时间里，你会做些什么事？

田亮：可能大部分时间还是会跟奥运相关的事情，当然还要完成我的学业，那么还有一部分，就是去做一些宣传，对奥运的宣传，对一些公益事业的贡献。基本上是这一类的占去了我所有的时间。

田歌：你会去看跳水比赛吗？

田亮：应该会去。其实以前我会觉得我肯定不会去看，因为可能自己梦想去在那个上面是去参与，成为一个运动员，但是随着我觉得有的时候，可能人生就是这样，我第二次提到人生，体育的路也是这样，所以我觉得奥运会是大家的，是每一个人的，我的身份变了，以前可能我是这部电影里面的主角，他是以运动员的身份出现，那现在呢，我变成一个配角，作为一个观众去参与奥运，可能我体会到的奥运，没准儿可以比运动员体会奥运更全面一些。它会带来一个对这个国家的各方面的一个进步，也是一个把中国的人文传递给世界，所以我觉得我不再是运动员的时候，我还是有很多事情需要做。

田歌：在这么短短的时间里，你已经两次谈到命运了，尽管你笑容依然灿烂，但是我已经能感觉到你内心所经历的风雨，其实我也在想，为什么这么一个阳光少年，他的生命的转折那么富有戏剧性，他为什么要面对那么跌宕的事业的选择，那么让人意外的命运的变数，我老觉得这个事情附加在你的身上，我替你捏一把汗，尤其是我在媒体上看见你，依然坚强，依然笑容灿烂的时候，我就更难受。

田亮：其实我是这么想的，我觉得2008年奥运会固然是我心中的一个梦想，但是体育这个行业的话，是一个更新换代很快的一个行业，那么我都已经是比较厚脸皮的，已经待了三届奥运会了，其实我要往回看的话，我觉得我应该很知足，我妄想去参加第四届的奥运会，因为它意义非凡，是在中国，我相信可能喜欢我的朋友，都是有这种想法。那我更会有这种想法。但是体育就是这样，它可能不是说你本人可以去决定所有的事情，那么一点不要变，我努力过，我就不会后悔，我全力以赴去争取过，我也不会后悔。所以在那个时候，我觉得我尽了我最大的努力去做我范围之内的，或者范围之外的事情，已经尽了最大努力，所以我一点不后悔。当然我这一辈子会有一个遗憾，没有参加2008年奥运会。它也不是会给我一个非常大的打击，只是说让我认识人生的道路有很多起伏，我这次不管是起还是伏，它都是为了我下一次能更好的腾飞，我是这儿去看待，比较乐观的去看待。所以我不把这个事情当成一个非常，好像特别不开心的事情。我希望大家也能跟着我的思绪这么去理解，快乐的去享受奥运带给我们的快乐。

少时拼搏，苦与乐

田歌：我们今天跟田亮的谈话，我发现无意中成了一个倒金字塔式的谈话，但是田亮在我们面前永远是一个体育人，我看他的书，我看到他当时还是一个无名小卒的时候，来到了国家体育总局的跳水队，对，他看到了当时名声赫赫的著名的跳水运动员，当时有。

田亮：孙淑伟，熊倪，伏明霞。

田歌：这三个人，对。好像你和伏明霞关系特好。

田亮：因为伏明霞和熊倪是我看过奥运会里面，她离我最近的，因为年龄上她大我3岁，年龄差距不多，熊倪比我稍微大的多一些，所以我一去了以后，就开始找，谁是奥运会冠军，孙淑伟在那儿，伏明霞在那儿，就觉得寻找目标，自己心中的也算是偶像。

田歌：而且还不敢跟偶像的眼神碰上，偶像看到他了吧，还得赶紧假装没看见，是吧？

田亮：那个时候应该说我是一种崇拜，到偶像那个地步呢，我觉得还没到那个程度，就是对他们的言行举止，他们不光跳水让我崇拜，我觉得他捡毛巾的动作都特别帅。

田歌：就像我们看你淋浴的镜头，一甩头，那小水花四溅都觉得特漂亮。

田亮：那个本来就是很美的，比如说他擤鼻涕的动作我觉得都很帅，就有这种感觉。因为他是奥运会冠军，但是偶像呢，我觉得说没到那个程度，那个时候我们不敢，因为他离你很近，你不敢去跟他交谈，你觉得没到那个地步，因为你想他嘛，我哪一天我会赢他的，就会有这种想法，但是只是妄想，小的时候喜欢妄想嘛，只是这么想想而已。

田歌：你们在我们心目中都是大名鼎鼎的奥运冠军，我们都知道你跳的特好，你们跳的特好，但是我们都是听说的，就说你们跳的好，你们得冠军了，但是我们真没有能力，反正我没有能力去鉴赏，你们各自的魅力，你们各自的特点，今天我有机会碰到你了，我不想错过这个请教的机会，你跳水最华美的是哪一面？伏明霞最棒的是哪一点？包括孙淑伟吧。

田亮：你是说那个跳水的运动特点吗？

田歌：就是说他除了能够完成高难度，一定你们本人有各子的特点是不可替代的。

田亮：就像说一个篮球运动员，他投篮准，或者是运球准，我们是什么特点，就是这个意思，对，那有点儿专业了。

田歌：你让我们专业一会儿不行吗？

田亮：我的特点是力量比较好，因为小的时候，选我的时候，教练就用了一个办法，就是立定跳远，当时我跳的最远，就这样就走上了这条路，所以我的力量比较好，再加上一个呢，所以就难度大嘛，我的难度是我的特点，再加上我的入水水花效果比较好，大家一看这人长的不算丑，跳下去还没水花，这小孩还行，就这么一个特点，但是我的缺点就是不是特别美，我的动作不是说像熊倪，熊倪就是以美著称，他在做动作的时候，你觉得像一种跳舞，那个手和脚，因为绷直了你会才觉得美，你比如说我的手是这么就在跳了，他们就绷得特别直，就在这种细节方面他们都特别美，那这就是我们的区别，伏明霞也是一种，应该算是一种综合题吧，从美和那个难度，就是她的力量，再加上她的一些水花效果，都比较适中，这是她的特点。

田歌：那在生活上呢？生活上你们各自有什么特点？就性格有什么不同吧？

田亮：我觉得我们好像没有，从来没有以一个朋友的感觉去沟通过，因为在我们接触的那个年代，他们是高高在上的，我根本就不会去了解他的生活状态，但是我觉得伏明霞，那是一个非常随和的人，而且非常喜欢一些新鲜的事物，所以我觉得那是我在小的时候，她带给我的感觉，孙淑伟是一个比较厚道的，然后也是一个老实人，但是那个时候，因为我是小孩，该挨欺负还是要挨欺负。但是被欺负并快乐着，因为欺负的是我崇拜的人，欺负的是名人，我觉得这个权利很好。

→

【田歌谈艺录】一个能在被人“欺负”，被人“支使”中寻找到快乐的人，我相信没什么不快乐是不可克服的。

田歌：是，那时候我看书上写，伏明霞老让你，应该说你有点儿像伏明霞的小跟班，她老让你给她买东西，对，去，田亮，买点儿吃的，去给我买这个买那个，然后有的时候，你还可以趁机再买点儿东西给自己吃。

田亮：我以前特老实，我是快乐的小跑腿。伏明霞说来来来，给我买，因为跳水，女运动员会要控体重，在国家队里面的话，买零食是一个很大的罪名，所以要干地下工作，女队员的话，特别不准吃零食，那伏明霞那零食，女孩我觉得可能都喜欢，所以在那个时候，伏明霞就很有办法，我不惹眼目嘛，说田亮过来，去给我买什么什么，好，把钱一给我，我拿着就去买，当时没有说有什么跑腿费，没有的，该买什么全买回来，把剩余的钱还给她，但伏明霞就特别大方，她就说下回你买零食的时候，你自己看什么想吃的，你就买一个吧，当时小，那个时候特别单纯，永远不会有回报的跑腿，所以还是她买什么我全买了，剩下的钱就还给她。我已经感到很快乐，因为她没选择别人，选择我了。

田歌：对啊。

田亮：所以我说我自己觉得很快乐。

田歌：是一个很单纯可爱的小伙子。

田亮：对，后来才慢慢的，她觉得特别不好意思了，就说你下次必须要买一个冰棍，我想，哦，这是给我的命令。

田歌：还没给冰激凌啊？

田亮：没有，就是一样的，就看，你自己挑一个，必须要买，我就像听命令的似的，哦，就挑一个最便宜的，其实我觉得已经非常好吃了，然后她觉得我总给她省钱，就下次给我指定了后面就，我是她的御用小跑腿。非常好，我的保密工作做的特别好。

田歌：对，你挺仗义的。

田亮：不，我也害怕，不过那个时候做了一次没被教练发现，我觉得还可以，我是这块料。因为我们的运动服都特别大，这个是还算比较合身的，在跳水队的时候，那个时候我们个子都小，穿的运动服特别大，那零食买一百块钱的零食都能放到肚子里面，那么就上楼了，就这么抱着，一点也看不出来，我里面有吃的。

田歌：真的啊？

田亮：对，还有冰棍呢。还不带化的。

田歌：这一招别让现在跳水队的小男孩又学会了。

田亮：现在已经不是过去那个年代了，控制的话，都相队来说有个度，以前是严格禁止，现在就是说你只要体重不增加的话，还是允许你，没有这么严格的允许，因为禁止不了，因为大家都爱吃，没办法。

田歌：听上去你们这个运动员之间的关系还挺亲密的，但是我总觉得实际上，当然你跟伏明霞她们可能也许并不造成这种竞争，对，我觉得你们之间的关系，应该也是挺残酷的吧？

田亮：我跟伏明霞是一点竞争没有，因为她是女队员，所以那个时候帮她只能是说仅此到跑腿，因为我们9点半就要熄灯，我给孙淑伟干什么活呢，当厨师。什么叫当厨师呢？就到了9点半熄灯了以后，孙淑伟的东西还得要买，小童工啊你是。我跟孙淑伟非常荣幸就住在一个房间里，就一个宿舍住两个人，那老队员的话，他会选择一个没有任何行李的这种小队员，我是没有什么行李的，因为小嘛，你没有什么东西，那他整个房间都是他的财产，我就除了那张床是我的以外，别的没有了。所以他就选择了，就安排我跟他住在一起，那这样的话，不光有个跑腿，还有一个保姆。所以我觉得那个时候很快乐，为什么很快乐呢，你会觉得这是一种，在生活上是一种培养，到了晚上9点半以后，我说一个细节吧，说厨师的细节，9点半就把宿舍的灯给关掉了，那我们每个宿舍是带卫生间的，那我的工作就开始了，干吗呢？就走到厕所去，把门关上，开灯，厕所门不透光，里面就有灯光了，教练不会被发现，然后把马桶盖盖下我当餐桌，把那个烧水壶放那儿，烧水的锅，当时就都是电炉，干吗？煮方便面，这是孙淑伟要加餐，但是我可以顺便也吃一包，我也加餐，所以给自己，也给他做。

田歌：那个方便面也是格外的有滋味啊？

田亮：可不吗？在马桶上做出来的。

田歌：我看田亮回忆自己运动员生涯，真的还是挺幸福的。

田亮：对，其实运动员很多故事，因为他们的生活是可能跟大家都不一样，从小就出来独立，所以在成长当中，大家可能只看到在领奖台上领奖的那一

主持人田歌在节目现场

幕，或者就是跳动作那一幕，其实背后有很多快乐的事情，不快乐的事情，但是我觉得都是有意思的事情。因为与众不同嘛！

田歌：但是我听说运动员和运动员之间，可能没有真正的交心的朋友。

田亮：对，我觉得是这么去理解，我跟孙淑伟的话，不交心是为什么呢？因为我们有年龄的代沟，虽然说只差3岁，但是在那个环境下面，孙淑伟是奥运会冠军，我是一个跑腿，所以就是主人和仆人的感觉。没这么差。

田歌：不过很幸福，幸福的小童工。

田亮：就觉得就是说差距很大，人家是冠军，我连可能一个资格比赛都进不去，在运动队里面成绩很重要的，你的水平很重要，所以分人的三六九等，不是通过财富去分，而是通过你的成绩，所以我觉得那个时候，我没有跟他怎么过多的语言上的沟通，都是接受他的一个话，命令，或者是一个服务，但是我觉得到了我有水平了以后，发现跟我竞争的，为什么不是说非常好的友谊呢，因为大家都有一种竞争意识，有了这种意识，才能让你们的水平不断增加，就是只有对手，很少有朋友的这么一个感觉，在国家队会有这么个感觉，但是你肯定会有朋友，这个朋友来源于哪里呢？就是你的水平很高，你以前的队友水平很低，你们的水平差距很大，你们的关系可能就非常的好。

田歌：就还是竞争的关系，对，职业造成的，那你能告诉我们，你现在最知心的朋友是在体育界，还是在？

田亮：体育圈，还是在体育圈，对，因为我觉得最知心的朋友，跟大家一样，一起长大的同学，我是队友，跟我一起长大的队友，以前就是小的时候，那就是有什么脾气都那么发着，你是什么一样的性格，二十年前我就知道了，就那样一起长大的朋友。

田歌：我知道田亮在国家体育总局的那个跳水队，最光荣的一次就是得到了50块

【田歌谈艺录】人的社会生存等级是由人的实力决定的。尽管盖茨基金会的口号是“所有生命都具有同等价值”是不错的，但那只是一个对理想状态的标语式的描述。而事实上是不一样的。你没有同样的实力是没有资格谈平等的，所以马基雅维利说“实力即外交”，而人际之间又何尝不是如此呢？

钱的奖励，对吗？

田亮：在国家队的时候，不是50块的奖励，当时是我学了新动作，学了两个新动作。

←

田歌：你在国家体育总局跳水队得到最高的荣誉和奖励是什么？最难忘的奖励是什么？

田亮：第一次等于是说给我的奖励吧，算是，就是说通过我的努力，给我的奖励，不是父母给我的奖励，是在1992年的时候，我还不是国家队，当时是借用国家队的训练场地，那个时候我学了两个新动作，跳的都还不错，教练就决定给我一个奖励，买了一个42块钱的李宁包，方的。李宁牌的包，当时李宁牌是赞助中国跳水队，打广告了，只有国家队一线队伍才能用上李宁的产品，那我们那个时候不是国家队一线不说，还不是国家队的人，国家队还分了一二线和后备队员，我们连国家队都不是，居然奖励了我一个李宁牌的包，那简直是物质上和精神上的极大奖励啊。

田歌：那时候你就有一种预感了吧？

田亮：没有什么预感，就只要这包别被偷了就行。

田歌：没感觉到有可能我要进国家队，成正式的了？

田亮：妄想过，因为得到那个包以后，觉得我也背上了国家队的用品，因为我们那个时候，住的还不是国家队的宿舍，住的是北京胡同里面的一个小平房，我们每天训练，还得自己蹬自行车去，所以穿梭在北京市的那个胡同里面的时候，我背着那个包，特别神奇，因为是李宁牌的，自己觉得，其实别人都不知道。

田歌：别人都没在意。

田亮：对，所以这精神力量很大的，然后所以你会觉得心情特好，会特别努力地去进行每一天的训练，所以那个给了我莫大的一种鼓励。

田歌：非常感谢今天有机会和田亮谈心，谈话，可以说谈心吗？算啊？

田亮：肯定是谈心。

田歌：我觉得应该说我们看到了一个基本真实的田亮，坦率的，坚强的，灿烂的，可爱的，当然还是乐观的田亮。

田亮：谢谢。

陈建斌

文艺且疯魔的『创作者』

田歌印象

我与陈建斌结识于1996年的夏天，那时的他还是中央戏剧学院表演系的研究生。我们在《荧屏连着我和你》的特别节目“今天我生日”中一起工作。他风华正茂，特别有才气，工作中总是有很多想法，智慧更不乏狡黠。

有一次陈建斌对我说：“田歌老师，您主持节目的时候，最好就穿牛仔裤白衬衫，这样是最好看的。”他的这句提醒给我留下了很深刻的印象，从中，我更能感受到他的青春勃发。

十多年后，陈建斌成为我的谈话对象，我想我们两个之间的感受是很亲切的，更是很特别的，因为这期节目我们谈得很深入，比我们在一起工作时谈得更深入。

陈建斌是一个追求完美的人，通过这次谈话，我想我们两个人之间都加深了印象，我感觉我们是一样的人，都是重感情的人，并且，我更能够理解他的完美主义了。

其实我一直想成为一个歌手

田　歌：刚才有点把我给震住了，唱得还真好，我现在该称呼你歌手，还是该称呼你演员？

陈建斌：你就叫我音乐爱好者吧。我这个对音乐的爱好已经很多年了，在我当演员之前，其实我就喜欢音乐很久了，那时候也是很希望自己能成为一个歌手。但是后来是阴差阳错地先考上了中戏，就做了演员，这么一路就演过来了。不过，音乐作为一个梦想我觉得一直都没有忘却，一直期待能有一个合适的机会能够把自己的歌唱给大家听，今天找到这个机会就表现了一下。

田　歌：你觉得是阴差阳错地走上了表演道路，不是吧？你要是考音乐学院你能考上吗？

陈建斌：考不上，我觉得我考不上，因为我到现在我都不识谱。

田　歌：那刚才看特认真，我以为你在唱谱子呢。

陈建斌：那是词，因为我写这个词比较长，而且我也没有这种演唱的经历，你知道吗？就是我以前去电视台唱歌，唱人家别人的歌，然后参加个晚会什么的，这算是第一次。

田　歌：自己作词的？

陈建斌：对，第一次，是我自己作词作曲的歌，第一次公开。

田　歌：处女作，处女唱。

陈建斌：因为第一次，我觉得记不住这个词，所以我要求把这个词给写下来，主要是词比较长。

田　歌：那这么一听，你就的确不是一个一般的音乐爱好者了，咱自己作词作曲不是仅仅是唱了。刚才你在唱的，我一直在听那个歌词，你念得特清楚，一看就是戏剧学院毕业的，有那个台词功底，给我们传达了非常明确的你这个童年生活的那些场景和记忆。

陈建斌：对，这首歌叫《给那个谁的第一首诗》，它就是讲小时候在新疆在乌鲁木齐的一些经历。讲到我小的时候，其实就是在我外婆家那个村里的一些经历，还有一些比如进城上学的一些经历，大致就是如此。

田　歌：其实我们很多人，就没有去过新疆的人，都通过很多艺术作品或者歌声了解了新疆，你是不是觉得那些对新疆的描述都不是你心目中的新疆。

陈建斌：不，那些也都是我心目中的新疆。但是我自己还有一个我自己的乌鲁木齐，这个歌表现的就是我个人的乌鲁木齐，就是我眼睛里的，我记忆中的乌鲁木齐。

田　歌：很具体。从舅爷到，还有奶奶……

陈建斌：对，我奶，我爷，我舅爷什么的，然后还有我姐，我是跟着我姐上学的……

田　歌：还有你吻过的一个姑娘，还有你受过的一次伤……

陈建斌：不是一次，而是第一次吻的姑娘，第一次受过的伤，我奶教我认的第一字，给那个谁写的第一首诗，小时候所有的第一次都是发生在我的家乡新疆。

田　歌：如果说让你说一下你在新疆留下的最能感动你的生活画面，你会马上想到什么？

陈建斌：其实我后来拍戏，全国各地都走遍了，也去过世界上很多地方，我觉得到什么地方能够勾起我对家乡的向往呢？就是只要这个地方它是单纯的，是朴素的，我就觉得像我小时候。我小时候的并不是指现在的乌鲁木齐和新疆，因为现在乌鲁木齐和新疆已经变化的非常快了，很现代了，我小的时候是特别单纯的，特别朴素的那种农村，城市也是，人很少，城市也是有很多的老的建筑。所以，我在国外或是在国内，我只要看到这样的地方，我就觉得特别像我小时的那个乌鲁木齐。

【田歌谈艺录】人的悲伤在于你所熟悉的、热爱的美好，在岁月的长河中都在一点点流去，走着走着进入了新的天地，人却成了仿佛无家可归的流浪儿。有幸的是我们不是只有七秒记忆的鱼和忘性极强的猫，而且还有影视、歌曲等帮我们把那所有的失却的美好找回来，给我们再现。

←

田　歌：其实就是不管我们的生活，或者我们的社会背景，我们的生活环境有什么变化，实际上真正最能够打动我们的是小的时候，那些最初成长的环境。比如说你现在回到新疆，你是生活的地方已经日新月异了，可是却让你找不着北了。

陈建斌：我现在回去就迷路了，因为路实际上都已经变了，房子什么的完全变了，就是我从中实际上很难再找到就是我记忆中的那个乌鲁木齐，就包括我这个歌里写的这个，我很难找到。有时候我偶尔听他们说那些新疆普通话什么的，我觉得挺亲切的，但是你要从视觉经历上说，就很难。而且我觉得这不是我一个人，是我们这一代人长大以后，就是因为我们咱们国家发展得特别快，就很多的东西就很快就消失了。就没有了。正因为如此吧，可能就是他就弥足珍贵。就让你觉得，怎么就没了，就特别想回去，但是你知道那是不可能的了。

我在演戏，戏也在演我

田　歌：其实在我认识你的时候，不是因为你是唱歌的，因为你是演员，那个时候你是26岁。

陈建斌：对，没错。

田　歌：1996年，你那个时候是中央戏剧学院的研究生。

陈建斌：研究生。

田　歌：学表演的研究生。

陈建斌：是。

田　歌：我当时觉得你可能热爱艺术，包括唱歌，但我没想到你会向去今天这样唱一首歌，而且是唱一个专辑，后来我又看过你的两部话剧，一个是《今晚上我们说相声》，还有一个什么无政府主义的。

陈建斌：《一个无政府主义者的意外死亡》。

田　歌：我一个是在中戏看的，一个是在儿艺看的。我觉得演戏对你来说是一件非常正常的一件事，你现在就是用这个寄托自己的生活，寄托自己的理想或者是什么，乃至于整个社会对你的看法，社会位置都是因为演戏，可是你现在突然间要唱歌，你要出专辑，你这是宣泄吗？

陈建斌：不是，他有两个本质的前提，就是说，当时我在演戏，演戏能够比如说一是实现你的梦想了，二是能够解决你的生存的问题。这跟现在这个做音乐的不同，做音乐我对这个事比如让我变成一个职业歌手，或者让我成为一个职业音乐人，我没有任何的想法，我没有打算在这个里头，我现在做的这些歌和音乐，我都得自己花钱请别人帮我做。

田　歌：以前都是你要演戏，都得别人给你钱，你才演。

陈建斌：任何时候就是人演戏都得付钱或多或少的，这个两码事，就是这个它更纯粹，就像我的一个梦想一个，我觉得。

田　歌：那相对于音乐，在表演这个行当里，没有人敢反驳你吧。

陈建斌：我可没这么说，我只是说，在一个陌生的领域里，你去摸索的时候吧，有些时候是听人家的劝告，听人家的建议，当然要保留自己的初衷。就是说我最初有一个什么样的想法，但是不可能尽如人意。你说我就要一个什么东西，我给你做出来，我认为不存在这样的事。

田　歌：我刚才一上台，我就介绍您，说陈建斌说过，我不是靠脸吃饭的演员，我狂有我的道理。

陈建斌：我真的不记得我说过这句话，但是来之前，我问你们这个编导了，他说我确实说过，在一个什么平面媒体上。

田　歌：这个说出去的话，和你生命的历程是一样，说出去就回不来了。

陈建斌：是，我以前说过很多特别不着边际的话，对，那我怎么理解这话，意思就是说，因为你凭借的是，比如说你对生活，对这个艺术，对这个戏剧、电影、电视的认识，在做事情，不是说，比如说你生的很英俊，然后你生的很帅，然后人家说他应该成为一个偶像，显然你没有这种条件，你也没有这种机会。所以呢，你成为一个什么样的演员呢，比如说你成为一个依靠自己的才学，依靠自己的热情，依靠自己对这门手艺的钻研，然后创作出一个又一个让观众能够认可，让他们能够喜欢，并且在有些时候能够征服他们的心灵的，让他们为之震撼的某些人物，你是这样一个人，所以实际上我说这点特别重要就是，我演过的角色和我是截然不同的。

如果是一个比如说偶像派的或者什么的，因为那个偶像他要维护他自己的形象，基本上他这个人就代表了他的角色，他的角色就代表了他，但是显然我不是这样的，我演过的所有的角色实际上都有我的一部分，但都根本就不是我，跟我没有太大的关系。

田　歌：你刚才对自己的介绍，基本上就是说，你也不觉得自有多么多么的帅，但是我是在这方面，是有特别钻研和研究的，演出一个一个可以打动观众内心的角色，但是那些角色，其实跟我陈建斌完全不是一回事。

陈建斌：对，没有什么太大的关系，你说这个雍正跟我有什么关系？我觉得真的是就是曹操，跟我真的就相去甚远。但是我能理解他，我得说我能理解他，我把他身上的某一种东西，和我身上的某一种东西结合了，然后创造出这么一个人物形象，仅此而已吧。

田　歌：虽然我们接触的时间，最多也就两个月，但以我我对你的了解，我觉得你从来没有觉得自己不帅过，也从来没觉得自己丑过，而且还有点那种文艺青年，而且很，我必须承认，陈建斌特别努力，学习特别努力，而且就是在表演领域里是很有自己见地的这么一个演员，然后就给我们带来了好多这样的角色。但是，你不觉得你有的时候，你接角色的时候，你凭什么，比如你有什么勇气去接曹操和康熙呀？

陈建斌：雍正。

田　歌：哦，雍正。

陈建斌：曹操那个角色是因为，我上研究生的时候，我们那时候有古典诗词赏析课，不管你喜不喜欢你都得去上。在那个上的那个课的过程中，就要去读一些比如说古典诗词，其实曹操的《短歌行》，我们上中学的时候就读过，但那个时候也不懂也不理解，也不热爱。当我上研究生的时候，我再读到他的《短歌行》的时候，我为之倾倒，我觉得就写得太好了，就这说诗本身，不说曹操这个人，就说这诗写得真的很美，他讲了那么柔情的一个人。我很好奇，我想了解他，我想更多地了解他，很耐人寻味的一个人嘛。我们要演角色就是想演耐人寻味的角色嘛，有的角色很简单，霹雳啪啦就演完了，结束大家一看一二三清楚了，没意思了。就是它琢磨不透，勾着你的心，你说他怎么还有这一面，还有那一面，我觉得曹操就是这么一个人。那个时候我哪知道我还能演戏啊，就我上研究生的时候，就是咱们一块做那个，我根本不知道。但是我很喜欢他的诗还有他这个人，所以到了有一天当这个机会来到我面前的时候，他们找到我演这个人物的时候，我说来得正好，我说正好就是说我对他有我自己的一些认识和这个理解，我也很喜欢这个人，为他我可以付出两年、三年的时间完成它。

田　歌：在你比较年轻的这个创作生涯当中，你演的人物已经算是琳琅满目的了，就是各种人物都有，所以我就特别想问你，你演了这么多戏，你觉得究竟是你在演戏还是这戏在演你啊？

陈建斌：对，我觉得你这个问题提得很好，其实这个问题也是我经常会问我自己的一个问题，戏在演你呢还是你在演这个人物？我们在生活里其实也是这样。就是说你觉得你在生活里是真的，然后实际上你也是在扮演你自己这个角色，这个我觉得特别地有意思，有些时候你被那个角色所

征服了，你在演它的过程中你被他征服了，就是他能够进入到你的生命里更长的时间，就是让你无法自拔，让你深深地沦陷，让你成为他的一部分，你在很长的一段时间里你都挥之不去他的影子，你甚至下了戏之后还希望能够按照他的生活的标准，他的准则尽量地去模仿他的那种生活，你并且以此为乐，你还觉得很过瘾，很长时间，当然影响再深也终有一天这角色会离开你。但是我觉得这个过程有没有呢，我认为是有的，以我个人的见解来看我觉得是有的，但不是每一个角色都能这样。因为就好比恋爱，就是说可能你一生中恋爱过很多次，但是有那么一次两次是你刻骨铭心的，就是你真的无法完全把这个事从你生命里抹去，他就给你留下了这个印子，以至于你过了很多年之后，有一天比如说你在玩，你在吃饭，你突然想起来来说这个习惯是从哪里来的，这个习惯是曾经有一次你跟他在一起的时候，他什么，然后什么的就这种。我觉得角色和演员之间的关系，从某种程度上来说就可以拿这种关系来比喻，就是相互作用，相互影响，我觉得可能跟这个差不多。

田　歌：也就是说有的时候是他在演你，有的时候是在你演他？

陈建斌：嗯。

田　歌：这也挺幸福的。

陈建斌：是，比如说有一个很好的角色，这个人物真的有魅力，真的是就像曹操这种人的时候，你在演的时候，过程中演着演着突然间有一天你感觉到那种咱们说的这种状态，你被他所演就是那种，那是很幸福的，那不是说随便谁，或者是随便什么时候都能达到的。但是如果你有过那么一次，如果你有过，那你就会非常难忘，你就觉得可能我觉得是有数的吧，我觉得就这种感觉。

田　歌：我其实我采访过很多演员，我后来我就感觉到有这么一个，就演员真的很幸福，他可以演绎各种人，但是演员这个职业又很残酷，就是一个演员他的生命是有限的，尤其是心理年龄和他生理年龄，有的时候是不匹配的。会不会就是说，当你在也一天你蓦然回首的时候你突然发现，如果今天再让我去演曹操，会比那时候演得更好。

陈建斌：其实这个问题是个悖论，就是根本就不能成为一个问题的问题，因为从第一天开始你就知道这一定会这样发生的，也不光是演员这个角色了，演员这个职业了，就所有的这个门类的这个艺术，那都是，过了多少年，他画家画完了，他过了多少年，但是他不能再去画。而且我觉得那个遗憾恰恰是美的一部分，就是说就是因为有这个遗憾它才美呀。如果说它都尽善尽美了，我觉得这美呀它不真了，它没有那种让你心动的那种感觉了。就像我们的生活一样，生活中你有很多次这种遗憾的经历，比如说一些恋爱，一些工作，一些什么的，你觉得当时要那，没有这个当时。但是，正因为你这样去想了，你的生活，你的这个经历显得那么美。我觉得演戏也是一样。

田　歌：陈老师这个问题回答得好，你看我就不像个主持人现在，我怎么能这么样地跟著名表演艺术家谈话呢。接下来我有个问题想要请教您，以我这个对表演的这个观念的了解，可能比较传统，我记得那个时候总会是说什么一个，什么是好演员，好演员就是演什么像什么，后来我就不停地拿这个问题去问我的嘉宾，我突然发现很多演员都告诉我，演什么像什么是好演员，但是把什么演得都像自己也是好演员。

陈建斌：没错，我觉得说得是对的，演什么像什么就是我们有一句话嘛，就叫装龙像龙，装虎像虎，就是戏曲界的一句，梨园行里头原来就有的一句话嘛，这是应该的，这是演员的本分。你是干吗的，你就是干这个的，您如果演不像，就说明你不称职，这是一个最起码的一个门槛。当你说到第二个，就他把所有的角色都演成了他自己的时候，我觉得说明这个人，首先他是一个非常强悍的人，他的强悍能够达到就是说所有的角色在他身上变成他的时候，观众仍然喜欢看。观众这时候看的不是那个角色了，观众看的是他，就是田歌你在演那个角色不重要了。

田　歌：陈建斌演的那个角色。

陈建斌：对，这个是什么呢？这个就是明星的魅力，这就是艺术家的魅力，就是他身上有这个魅力，他能够把他自己，把所有的角色都容在他这个容器里，我觉得这是一个非常高的境界，但是不是最高的境界呢，也不一定，也许有比它更好，更高的。

【田歌谈艺录】艺术上真的有很多“悖论”是纠结不清的。到底是你在演戏，还是戏在演你？受众是喜欢你的角色，还是喜欢你这个人？舞台上的形象对观众的征服，是靠了你个人的魅力，还是靠了那个角色创作的成功？我觉得还是一个大作家讲的有点道理：作者的价值在他的作品那里，没有作品的人称不上作家；没有塑造过角色的人称不上演员，也就不会有什么个人的魅力来征服受众。

←

不疯魔不成活

田　歌：你心目中最高的表演境界是什么呢？

陈建斌：我现在比较喜欢的就是有一个演员叫丹尼尔·戴·刘易斯。

田　歌：黑人？

陈建斌：不是，丹尼尔·戴·刘易斯他是个英国演员，他是白人。

田　歌：演什么的？

陈建斌：今年他演这个林肯，他不是得了这个。

田　歌：最佳男演员。

陈建斌：对，他得了三次奥斯卡。

田　歌：上次是演也是一个伟人？

陈建斌：没有，上次他演的是《血色黑金》，他演一个石油大亨，第一次的时候他演的是一个残疾人。就是他能够完全地把他自己变成那个人，那个已经超越了我说的装龙像龙、装虎像虎的那个境界了。我看那个介绍，他在拍戏的时候，比如说他在演钻井工人的时候，他就不住在宾馆里，他就住在他们那个片场，那个石油小账篷里，他在现场不允许别人叫他的名字，就要叫那个角色的名字。就是一个非常，按照我们原来说不疯魔不成活，我觉得那个境界不是一般人能够达到的。

田　歌：也就是说你真正崇拜的还是那样的表演境界，还是很学院派的。

陈建斌：我不知道是不是学院派，但是我只知道就是我上学的时候，老师教我们的那套东西，走到最后就应该是我说的这个丹尼尔·戴·刘易斯的这个。

田　歌：但是我觉得你们今天的创作都没有这份幸福了。

陈建斌：我觉得你说得很对，你说得很坦诚，那我也坦诚地告诉你，就是说一个时代能不能造就伟大的演员，不是演员自己能够成就自己的，需要好的作品，有了好的作品演员才能够有好的角色，好的角色才能成就好的演员。演员不可能他自己像个画家什么他自己就完成，他完成不了。你现在有好的文学剧本，好的导演，好的班底把它呈现出一个好的电影，好的什么的，里头才可能出现比如说经典角色，经典角色才能成就演员。没有经典角色你谈何好演员，只是所谓明星吧，就是说他名气很大，就

【田歌谈艺录】陈建斌的这段话似乎回答了前面的"悖论"问题。千万不要忘记了，演员至多是个三度二度创作者，"不是演员自己能够成就自己"，没有好的剧本、好的角色、好的导演、好的班底，那么演员上台之后就什么都不是，还何谈什么个人魅力。

是腕儿什么的，挣钱很多，但那跟一个真正的好演员，你必须得有那种真正经典的，经得起时间考验的那种经典角色，就像我们谈到比如说卓别林，或者说以前的那些大师。他们成名是因为他们确实创造了很多经典角色，但我们今天没有啊。我们现在就是因为可能是我们的这个文学创作有问题。

←

田　歌：还有时代特征。

陈建斌：还有我们的这个时代，还有我们现在就是过多地就是说大家都想当明星，不管是演员也好，可能导演也很想当明星。

田　歌：对对对。

陈建斌：导演都出来发言了。

田　歌：都不在幕后了。

陈建斌：我们原来有句话叫导演就是，他的工作要死在演员身上嘛，对吧，现在导演不愿死在演员身上，导演想自己就是出来当明星，所以可能就不太能够早就就是更多的我说的那种角色了。所以你演员也就成不了你说的那种演员。

我为什么老要导演改剧本

田　歌：我不知道陈建斌愿不愿意选择自己的创作道路，我知道也有很著名的演员，人家就是拒绝这个影视创作，就天天在舞台上，直到终究有一天碰到他的角色再出来。

陈建斌：我觉得舞台剧也一样，我毫不客气地说，就是说我十多年前搞舞台剧的时候，那个时候舞台剧确实是很纯粹的，因为那时候确实没钱，你也挣不到钱，所以你也没这个奢望，也出不了名，你就只能做一件事，就是把这戏做好，也不是我一个人，是所有的人。

田　歌：都是这样的。

陈建斌：都这样，所以那时候很纯粹，大家就在搞这个，搞艺术吧，只能搞艺术了。但是现在不一样了，现在这个时代就是比如说这个舞台剧也能够挣到钱，比如说也能够有票房有什么的时候呢，我认为可能就有杂念进入了，可能就不是说你一个人，你一个人想停留在那个时代，可是时代已经变了。

田　歌：那你呼唤那个时代吗？

陈建斌：我不呼唤，我为什么要呼唤那个时代？那个时代虽然我们今天想起来很美好，但我们那个时候，一贫如洗啊，我们什么都没有。什么都没有的时候，只能是停留在你的记忆中的时候很美好，我说今天行让你回去，什么都没有，你能受得了吗？

田　歌：不干了。

陈建斌：对。

田　歌：所以就在你的创作当中，你是为五斗米折腰的时候多呢，还是碍于情面的时候多呢，还有是真正打动你的角色多呢？

陈建斌：基本上我觉得我初期的时候离开了舞台去开始拍电视剧，我觉得确实是需要这个生活，需要生存，这个是，也不是我，就是我们这一代演员都是这样的。当你有了选择的余地之后，才能真正的选择，你没选择余地的时候谈何选择。当有了选择余地的时候，我会尽量地接这个戏，它或多或少还有一部分东西确实是我心里需要的，我才会去演。

田　歌：可是人家说你演戏的时候老爱改剧本，然后女演员或者是你的对手都觉得你不是很好合作，这是误传吗？

陈建斌：我觉得是这样的，比如我们当时拍话剧的时候，话剧的创作就是来了以后大家要在一块排练，排练30天到40天甚至两个月然后才演出，那为什么要排练我想问？排练的过程就是对剧本的不断的修正，然后把我们俩比如说我们这段戏，坐在这采访的这段戏我们一遍一遍地排我们说哪不对，然后你觉得我能不能那样，我觉得你能不能那样，我们就互相把所有的手段都使出来要把这段戏弄好，对吧，这个过程我们称之为排练，我们觉得很正常，因为工作就是这样，因为必须这样工作才能把戏排好，对不对。

到了这个演电视、演电影的时候我仍然以为是这样的，所以我也觉得应该认真地排练，我们应该认真地表达出我们对剧本的这个看法，如果剧本有不好的地方。我们当时排话剧的时候，我排的都是契诃夫的剧本，莎士比亚的剧本，贝克特的剧本，达力奥夫的剧本，这些人都是真正的文化巨匠，这些剧本拿过来我们觉得不合适的地方我们也是要做修改的，对吧，我想说，难道现在的比如说我们写的这些电视剧本他就能比我说的这些剧作家的剧本要好吗？我不这么认为，它一定是有需要完善和进步的地方吧，在这个过程中你说我们说把这个剧本调整一下，让它向更好的方向去，或者说咱俩在一块演这场戏，我说能不能这样，坦率

陈建斌在谈话节目现场

地谈出自己的想法，这些东西为你刚才说的那个圈子所不容，他们不像我这么看问题，他们觉得就是你是越矩了。他们觉得你是个演员，你只要就是坐在那里，按照剧本，把你台词念出来，把这戏演完了就行了，你就工作就完成了。

这是我觉得对一个工作的两种看法，我的看法就是这样的，我要是演这戏我就必须要谈出我的这个想法，我是一个创作者，如果他们要是比如像你说的有各种传言或者是误解的话，我想来自于我们对这个事情的理解的不同。

【田歌谈艺录】演员有自己的角色创作意识和理念，是一个有实用和有艺术追求与责任心的表现。当然，在进行创作的时候，也需要注意相关的情况，不要把角色和剧情弄错了，不然戏就会排不下去了。

←

田　歌：我觉得反正是，这个问题不重要了，只是让你去证实一下，也许人们会把你的这种，你认为是一个特别尽职的一个创作态度理解为你刚才所说的，导演都要到幕前当明星了，所以演员也要改剧本了。

陈建斌：其实你想一想，我觉得一个特别简单的道理，一个演员你又没有付他编剧的钱，他还要帮你改剧本，我觉得简直是这个用大脑想一想，他为什么要帮你改剧本啊？你付他编剧的钱了吗？编剧也没写他的名字，这导演那也没写他的名字，他只是在演他的戏。他总归来说，他的心是好，他只是为了把这个戏排好而已。

田　歌：总体是负责的。

陈建斌：对，随便他们，愿意怎么想就怎么想。

田　歌：开始听到这种议论你苦恼吗？

陈建斌：我不苦恼，我有什么苦恼的，我觉得该苦恼的是他们。

田　歌：但是如果你的对手觉得苦恼怎么办啊？

陈建斌：他们从来没有当我的面这么说过，就是我只想为什么这点呢，我可以跟任何一个人坐下当面对质，我说我们谈一谈这个，但是没有任何一个人在我面前像你这样说，你不应该，没有。所以我不理解，我是一个后知后觉的人，真的。我这个事情都是后来做节目的时候，他们问我的。

田　歌：我听过一个真正的大艺术家说过这么一句话，就说一个真正的艺术家内心都是孤独的，甚至他的内心找不到寄托，我不知道你有没有这样的同感，或者你可以想象和理解他的这种内心？

陈建斌：我理解，我完全理解，而且我不觉得只有艺术家是这样的，我觉得这世界上的每个人，只要他有自省能力，他都会有这种感觉。而这种感觉为什么像你说的在艺术家身上特别强烈呢？是因为他很敏感，就是艺术家比普通的人更敏感对某些问题，对某些感觉，对某些感情。那种敏感使这种感觉变得特别强烈，就是强烈到使他无法忍受，强烈到就是他觉得特别地不堪，就是他的生命不堪这个重压，这个我觉得才是这个真正的一个艺术家和一个普通人的区别。普通人就是就过去了，就是哈哈就怎么样，但是有些人，就是有些艺术家他生活在自己的那个情景他过不去，我觉得这个东西产生了一种力量，就是这个痛苦和某种东西纠结在一起产生这个力量。

一切明星都是名声的囚徒

田　歌：如果别人说你是明星，你愿意吗？

陈建斌：我觉得，其实他们说我是什么都可以，只要我自己知道我自己是谁就可以了。

【田歌谈艺录】“我自己知道我自己是谁就可以了。”能在名利面前如此自知，不只是低调、高调之别，而是一种做人的本色所在。

←

田　歌：我觉得不管他们怎么称呼你是明星也好，是什么艺术家也好，表演艺术家或者这都不重要，但现在你肯定是一个，我觉得你是个有名声的人。

陈建斌：好吧。

田　歌：其实我觉得一切明星都是名声的囚徒，你是吗？别人怎么评价，别人怎么说，你在意吗？

陈建斌：对，咱们要谈到这个问题呀我觉得是这样的，就是说你从中得到了某种好处，所以你不能有一天跳出来说，我很讨厌它，我觉得这是虚伪的。真诚的应该是怎么说呢？就是因为你自己追求你自己喜欢干的事，然后为此你付出了很多比如说热情，很多努力。

田　歌：生命。

陈建斌：你一直在做这个事，这个事本来给你带来的东西中间有这一部分，有名，有利，有一些什么东西，但是它真的不是说你一开始就是为了追求它而去的，这是两码事。你一开始一定是先奔着那个事去的，这些东西是随之而来的，当然了，有它这不是挺好吗？但是如果比如说没有它了，你要问问你自己，你还想不想干这个事了？如果没有这些东西你还想干的话，那我就相信它就是你的梦，你就得去追求。

田　歌：这两天我在不停地看电视的时候都特别巧，就突然间你的广告就频频出现了，是立刻就管用，我其实是想问，因为现在我们也可以去做广告了，所以我就想去向你请教，就是做这种广告的时候你有压力吗？或者你有自己的什么约法三章吗？

陈建斌：对。就是要特别地慎重，要选择比较好的这种，很好的这种比如说品牌，我觉得它会有一个质量的这个保证，我觉得这是一个前提。

田　歌：你没有机会去验证啊，你也不可能去验证，比如说我做什么我就去吃什么，去用什么，所以它总会有漏洞吧？

陈建斌：是这样的，咱们生活的这个时代有很多地方都有很多漏洞，这是我们这个人所处的这个时代的弊端，不是哪一个人的，也不是哪一个就是社会群体造成的，而是我们就处在这个时代，这个时代就是在一个过程中。也许有一天，比如说折价漏洞都没有了，就变得非常完美了。但是，很遗憾我们不在那个时候，所以我们在这个其中的时候呢，我们只要尽力地，就是岂能尽如人意，但求无愧我心，我觉得你要做到这点我觉得就可以了。

田　歌：其实我觉得人的一生是离不开欲望的这个动力的，我觉得欲望有的时候是一种动力，但是我会觉得今天我们身处的一个环境是一个欲望的丛林，所以我相信你也在这个环境之中，我就想请教，你觉得我们应该怎么驾驭自己的欲望？

陈建斌：我觉得这个问题问得也挺好的，其实我们戏剧里头有一个贝克特，他写了一个剧本叫《等待戈多》，他里头两句话我觉得说特别好，他说每一代人都有每一代人的好或不好，我们不必说我们这一代人的坏话，我们也不必说我们这一代人的好话，我们甚至根本就不用谈起它。为什么这么说呢？因为实际上我们总是感觉我们所生活的这个时代是这样的，是发生了这样的事，殊不知这样的情况在人类的历史中发生过很多次，每一代人都会有类似于我们的这种感受，每一代人都会发出这样的疑问，所以这些疑问这些东西，促使这个生活不断地向前进越来越好、越来越好，我觉得可能是这样的吧。

《光荣绽放》栏目介绍

节 目 类 型：大型励志访谈

主　持　人：田 歌

节目宣传语：今天流行光荣绽放 让八卦灰飞烟灭

节 目 时 长：50分钟

首　　　播：每周二19：35

播 出 频 道：首播：北京电视台文艺频道；

重　　　播：中国14个地方电视台及城际列车传媒；
美国、加拿大以及南美地区电视台。

获 奖 情 况：2013年荣获第23届“星光奖”（中国电视文艺唯一政府奖）
优秀栏目称号；

2013年荣获第17届北京影视“春燕奖”最佳电视艺术栏目称号。

栏 目 介 绍：

世界上，最难戒的，不是权利，也不是爱情，而是观点。

讲故事，听故事，没有人可以抗拒故事的魅力，尤其是笼罩着光环的明星故事。

在众多的访谈节目中，明星们是在“讲”自己的故事，而《光荣绽放》是让明星们现场“演”自己的故事，同时让主持人展示明星们的作品。观众不但是“看”故事，更是“听”故事后面的“观点”。

漫漫的人生，最重要最难忘的时刻，往往只有几个。观众们在《光荣绽放》中，“看”到明星们的才艺，“看”到他们奋斗中的挣扎，更从表演和作品中“看”到人物命运与职业生涯神秘的联系。

人生如戏，戏如人生。

现场演绎、经典回放、简练阐述，可以近距离地观赏，可以温馨地怀旧，也可以深深地被震撼，更可以在惊叹中发现一个人物的生活秘密与性格轨迹，深度剖析人物成功背后的拼搏与励志经历，绽放时代的正能量。

《光荣绽放》是梦想的绽放，才华的绽放，真情的绽放，更是在命运的磨砺中人性光芒的绽放。